handball-uebungen.de
Trainingseinheiten und Übungen für Ihr Training!

## Inhaltsverzeichnis:

**Impressum**
1. Auflage (04.12.2017)
Verlag: DV Concept
Autoren, Design und Layout: Jörg Madinger, Elke Lackner
ISBN: 978-3-95641-202-8

Diese Publikation ist im Katalog der **Deutschen Nationalbibliothek** gelistet; bibliografische Daten können unter http://dnb.de aufgerufen werden.

## Vorwort

Liebe Leserinnen und Leser,
vielen Dank, dass Sie sich für ein Buch der trainingsunterstützenden Reihe von handball-uebungen.de entschieden haben.

Das Kleingruppenspiel zwischen Rückraum und Kreisläufer ist ein wichtiger Baustein im Angriffsspiel nahezu aller Altersklassen. Bereits im Jugendtraining sollten die Grundlagen für das Spiel mit dem Kreisläufer gelegt werden. Dabei spielen das Stellungsspiel und Sperren eine große Rolle. Die ersten drei Trainingseinheiten in diesem Buch zeigen verschiedene Möglichkeiten des Zusammenspiels mit dem Kreisläufer auf.

Mit zunehmendem Alter werden die Räume für das Zusammenspiel enger. Dies erhöht die Anforderungen an die Laufwege im Rückraum und die Sperrstellungen des Kreisläufers.

Gerade im Aktivenbereich spielen auch die körperlichen Voraussetzungen des Kreisläufers eine Rolle. Die letzte Trainingseinheit widmet sich speziell dem Erarbeiten eines Spielvorteils durch Positionierung des körperlich stärkeren Kreisläufers bei einem schwächeren Abwehrspieler (Mismatch).

In allen Trainingseinheiten werden die Abläufe Schritt für Schritt aufgebaut und mit vielen Hinweisen unterstützt.

Folgende Trainingseinheiten sind in diesem Buch enthalten:

## TE 1: Individuelles Training für den Kreisläufer – Durchsetzen mit Sperren und Absetzen (TE 200) (★★)

Ziel der Trainingseinheit ist das Verbessern des Stellungsspiels des Kreisläufers. Nach der Erwärmung und einem kleinen Spiel wird der Torhüter aus der Kreisläuferposition eingeworfen. In einer individuellen Angriffsübung wird das Durchsetzen am Kreis geübt, bevor in zwei Übungen in der Kleingruppe das Stellungsspiel und das Absetzen bei defensiver und halboffensiver Abwehr trainiert werden. In einem Abschlussspiel sollen die Varianten eingesetzt werden.

## TE 2: Kreisläufer – Erarbeiten eines Stellungsvorteils im Zusammenspiel in der Kleingruppe (TE 210) (★★)

Ziel der vorliegenden Trainingseinheit ist die Verbesserung des Stellungsspiels des Kreisläufers. Nach der Erwärmung und einem kleinen Spiel wird in der Ballgewöhnung und dem Torhüter-Einwerfen das Kreisanspiel unter erschwerten Bedingungen und mit verschiedenen Passvarianten geübt. Es folgt eine individuelle Übung zum Sperren des Kreisläufers, bevor in zwei Kleingruppenübungen die Kooperation mit Rückraum und Außenspieler erarbeitet wird. In einem Abschlussspiel soll das Geübte angewendet werden.

## TE 3: Verbessern des Zusammenspiels zwischen Rückraumspieler und Kreisläufer (TE 271) (★★★)

Das Ziel der vorliegenden Trainingseinheit liegt im Zusammenspiel zwischen einem Rückraumspieler und dem Kreisläufer. Nach dem Aufwärmen und einer Übung zur Laufkoordination wird in der Ballgewöhnung die Laufbewegung des Rückraums vorbereitet. Nach dem Torhüter-Einwerfen folgen drei Angriffsübungen, in denen das Zusammenspiel Schritt für Schritt erweitert wird. In einem Spiel im 4gegen4 werden dann die zuvor geübten Abläufe angewendet.

## TE 4: Kleingruppenspiel: Stoßen-Gegenstoßen im Rückraum und Zusammenspiel mit dem Kreis (TE 205) (★★)

Der Schwerpunkt dieser Trainingseinheit liegt im Zusammenspiel des Rückraums im Stoßen-Gegenstoßen und dem Pass zum Kreisläufer. Nach der Erwärmung folgt mit der Ballgewöhnung der erste methodische Schritt im Zusammenspiel zwischen Rückraumspieler und Kreisläufer. Das Torhüter-Einwerfen und eine anschließende Angriffsübung erarbeiten das Stoßen und Gegenstoßen mit anschließendem Wurf. In den folgenden zwei Kleingruppenübungen werden das Stoßen und Gegenstoßen sowie das Zusammenspiel mit dem Kreisläufer Schritt für Schritt erweitert. In der Abschlussübung werden alle zuvor geübten Elemente zusammengesetzt und mit einer Auftakthandlung und kreativem Weiterspielen kombiniert.

## TE 5: Mit dem körperlich stärkeren Kreisläufer gegen den Außenabwehrspieler agieren (TE 363) (★★★★)

Der Schwerpunkt dieser Trainingseinheit liegt in einer einfachen Auslöseaktion, um durch den körperlich stärkeren Kreisläufer gegen einen schwächeren Außenabwehrspieler einen Stellungsvorteil zu bekommen. Nach einer koordinativen Aufwärmphase folgen mit der Ballgewöhnung und dem Torhüter-Einwerfen die ersten Schritte für das spätere Zusammenspiel. Die drei folgenden Angriffsübungen setzen sich aus der Vorbereitung und dem finalen 1gegen1 zusammen, um den Kreisläufer in Wurfposition zu bekommen. Ein Abschlussspiel rundet diese Trainingseinheit ab.


**Anforderungen der Trainingseinheiten:**

| | |
|---|---|
| ★ | Einfache Anforderung (alle Jugend- bis Aktivenmannschaften) |
| ★★ | Mittlere Anforderung (geeignet ab C-Jugend bis Aktive) |
| ★★★ | Höhere Anforderung (geeignet ab B-Jugend bis Aktive) |
| ★★★★ | Intensive Anforderung (geeignet für Leistungsbereiche) |

# 1. Aufbau von Trainingseinheiten

Der Schwerpunkt des Trainings sollte das einzelne Training wie ein roter Faden durchziehen. Dabei in etwa dem folgenden zeitlichen Grundaufbau (Ablauf) folgen:
- ca. 10 (15) Minuten Aufwärmen.
- ca. 20 (30) Minuten Grundübungen (2 bis max. 3 Übungen, plus Torhüter einwerfen).
- ca. 20 (30) Minuten Grundspiel.
- ca. 10 (15) Minuten Zielspiel.

1. Zeit bei 60 Minuten Trainingszeit / 2. Zeit in Klammer bei 90 Minuten Trainingszeit.

## Inhalte des Aufwärmens
- Trainingseröffnung: Es bietet sich an, das Training mit einem kleinen Ritual (Kreis bilden, sich abklatschen) zu eröffnen und den Spielern kurz die Inhalte und das Ziel der Trainingseinheit vorzustellen.
- Grunderwärmung: Leichtes Laufen, Aktivierung des Kreislaufs und des Muskel- und Knochen-Apparats.
- Dehnen/Kräftigen/Mobilisieren: Vorbereitung des Körpers auf die Belastungen des Trainings.
- Kleine Spiele: Diese sollten sich bereits am Ziel des Trainings orientieren.

## Grundübungen
- Ballgewöhnung (am Ziel des Trainings orientieren).
- Torhüter einwerfen (am Ziel des Trainings orientieren).
- Individuelles Technik- und Taktiktraining.
- Technik- und Taktiktraining in der Kleingruppe.

Grundsätzlich sind bei den Grundübungen die Lauf- und Passwege genau vorgegeben (der Anspruch kann im Laufe der Übung gesteigert und variiert werden).

## Hinweise zur Grundübung
- Alle Spieler den Ablauf durchführen lassen (schnelle Wechsel).
- Hohe Anzahl an Wiederholungen.
- Mit Rotation arbeiten oder die Übung auf beiden Seiten gleichzeitig/mit geringer Verzögerung durchführen, damit für die Spieler keine langen Wartezeiten entstehen.
- Individuell arbeiten (1gegen1 bis max. 2gegen2).
- Eventuell Zusatzaufgaben/-abläufe einbauen (die die Übung komplexer machen).

## Grundspiel

Das Grundspiel unterscheidet sich von der Grundübung vor allem dadurch, dass jetzt mehrere **Handlungsoptionen** (Entscheidungen) möglich sind und der/die Spieler die jeweiligen Optionen erkennen und wählen soll(en). Hier wird vor allem das Entscheidungsverhalten trainiert.

- Das zuvor in den Grundübungen Erlernte mit **Wettkampfcharakter** durchführen.
- Mit Handlungsalternativen arbeiten – Entscheidungsverhalten schulen.
- Alle Spieler sollen den Ablauf häufig durchführen und verschiedene Entscheidungen ausprobieren.
- In Kleingruppen arbeiten (3gegen3 bis max. 4gegen4).

## Zielspiel

- Das zuvor Geübte wird nun im freien Spiel umgesetzt. Um das Geübte im Spiel zu fördern, kann mit Zusatzpunkten oder Zusatzangriffen im Falle der korrekten Umsetzung gearbeitet werden.
- Im Zielspiel wird das Gelernte im Team umgesetzt (5gegen5, 6gegen6).

Je nach den Trainingsinhalten können die zu erreichenden Ziele eine geringe Änderung im zeitlichen Ablauf von Grundübungen und Grundspielen bedingen.

## Trainingsthema wählen:
### → Roter Faden

## Aufwärmen:
**Dauer:**
- ca. 10 (15) Minuten

**Inhalte:**
- „spielerisches Einlaufen"
- Spiele
- Laufkoordination
- (Dehnen und Kräftigung)

## Grundübung:
**Dauer:**
- ca. 20 (30) Minuten

**Charakteristik:**
- individuell / in der Kleingruppe

**Inhalte:**
- klare Übungsvorgabe des Ablaufs
- Variationen mit klarer Vorgabe des Ablaufs
- vom Einfachen zum Komplexen
- keine Wartezeit für die Spieler

## Grundspiel:
**Dauer:**
- ca. 20 (30) Minuten

**Charakteristik:**
- in der Kleingruppe

**Inhalte:**
- klare Vorgabe des Ablaufs plus Varianten
- Wettkampf

## Zielspiel:
**Dauer:**
- ca. 10 (15) Minuten

**Charakteristik:**
- Teamplay (Kleingruppe)

**Inhalte:**
- Freies Spielen mit den Übungen aus der Grundübung und dem Grundspiel
- Wettkampf

## 2. Vorbereitende Übungen für den Kreisläufer

Die Trainingseinheiten in diesem Buch konzentrieren sich auf das Zusammenspiel zwischen Rückraum und Kreisläufer mit besonderer Betonung von Sperrstellungen.

Bestimmte individuelle Abläufe für den Kreisläufer werden hier in Vorübungen wiederholt, zum Teil jedoch bereits vorausgesetzt.

Die folgenden individuellen Angriffsübungen für den Kreisläufer können als Vorbereitung auf die Trainingseinheiten ausgeführt werden.

| Nr. V1 | Wurfserie für den Kreisläufer 1 | 2 | ⭐ |
|---|---|---|---|
| **Benötigt:** | 2 Hütchen, Ballkiste mit ausreichend Bällen | | |

### Ablauf:

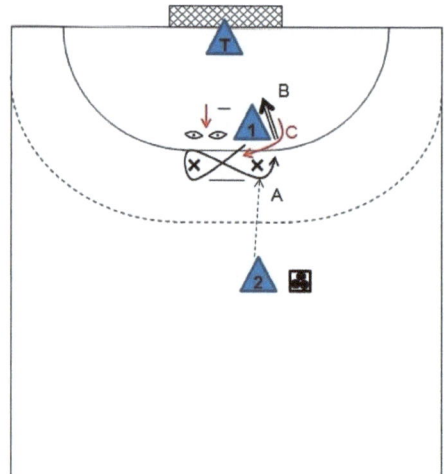

-   1 läuft eine Acht um die Hütchen, bekommt von 2 den Ball in den Lauf gespielt (A) und wirft von der Kreisposition (B).

-   Danach startet 1 sofort wieder in die Acht und beginnt den Ablauf von vorne (C).

### Wiederholungen:

-   10 Würfe im Wettkampf mit einem zweiten/dritten Kreisspieler. Wer macht die meisten Tore aus den 10 Würfen?

⚠ 1 soll in hohem Tempo die Laufbewegung bei den Hütchen absolvieren.

| Nr. V2 | Wurfserie für den Kreisläufer 2 | 2 | ★★ |
|---|---|---|---|
| **Benötigt:** | 2 kleine Turnkisten, 1 Hütchen, ausreichend Bälle | | |

## Aufbau:

- Zwei kleine Turnkisten wie abgebildet mit der gepolsterten Seite nach innen aufstellen.
- Mit einem Hütchen den Laufweg markieren.

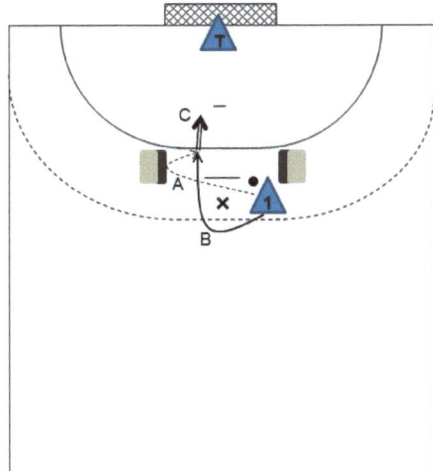

## Ablauf:

-  passt den Ball an die kleine Turnkiste (A), umläuft danach das Hütchen (B), nimmt den Ball wieder auf und wirft auf das Tor (C).
- Im nächsten Durchgang startet  von der anderen Seite.
- Den Ablauf eventuell im Wechsel mit einem zweiten (dritten) Kreisläufer durchführen.

## Variationen:

- Der Ball wird als Bodenpass (einfacher) oder direkt (schwieriger) an die kleine Turnkiste geworfen.
- Ein Mitspieler führt den Pass (A) aus, während  verschiedene Vorübungen ausführt:
  - o Hampelmannbewegung auf der Stelle.
  - o Einen Purzelbaum auf einer dünnen Turnmatte.
  - o Mit drei Bällen jonglieren.

| Nr. V3 | Abpraller sichern und werfen | 3 | ★★ |
|--------|------------------------------|---|-----|
| **Benötigt:** | 1 Rebounder, ausreichend Bälle | | |

## Aufbau:

- Einen Rebounder neben dem Tor aufstellen.

## Ablauf:

- 1 steht zunächst mit dem Rücken zum Tor.

- 2 wirft einen Ball an den Rebounder (A).

- Sobald der Ball die Hand von 2 verlässt, dreht sich 1 um, versucht den zurückprallenden Ball (C) einzuschätzen und zu erlaufen (B).

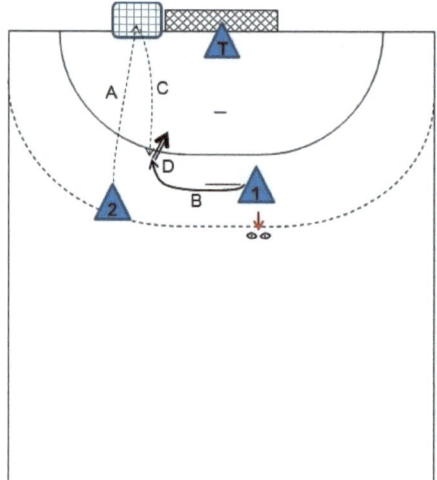

- Gelingt 1 das Sichern des Balles, schließt er mit Wurf ab (D).

## Variationen:

- 1 macht Hampelmannbewegungen auf der Stelle.

- 1 macht auf einer dünnen Turnmatte einen Purzelbaum und erläuft danach den Ball. 2 wirft den Ball an den Rebounder, während 1 den Purzelbaum ausführt.

⚠ Den Ablauf auch auf der rechten Seite spielen.

| Nr. V4 | Schnelles Umschalten und Ball-Erlaufen | 5 | ★★ |
|---|---|---|---|
| **Benötigt:** | 1 Hütchen, 1 Leibchen, ausreichend Bälle | | |

## Aufbau:

- Mit einem Hütchen die Startposition des Kreisläufers markieren.

- 2 hat zu Beginn ein Leibchen in der Hand.

## Ablauf:

- 1 startet am Hütchen.

- 2 wirft das Leibchen nach oben (A).

- Das ist das Signal für 1, sich vom Hütchen zu lösen und das Leibchen zu fangen, bevor es auf den Boden fällt (B).

- Sobald 1 das Leibchen gefangen hat, prellt 3 auf Rückraum links an (C).

- 1 wirft das Leibchen wieder zu 2 und läuft dann um das Hütchen (D) und versucht, den Ball zu erlaufen, den 3 an 1 vorbei in den leeren Raum spielt (E).

- 1 schließt mit Wurf ab (F)

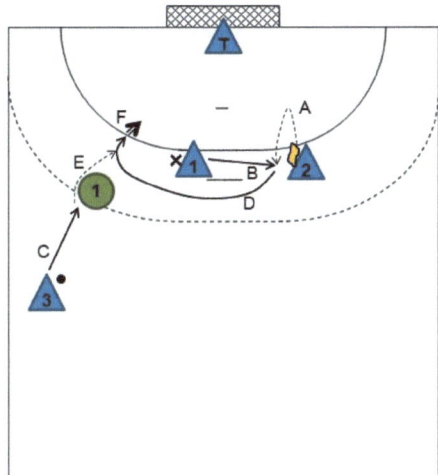

⚠ Laufweg (D) und Passzeitpunkt (E) dem Leistungsniveau der Spieler anpassen.

| Nr. V5 | Schnelles Umschalten und Durchsetzen 1 | 5 | ★ ★ |
|--------|----------------------------------------|---|------|
| **Benötigt:** | Ausreichend Bälle | | |

## Ablauf:

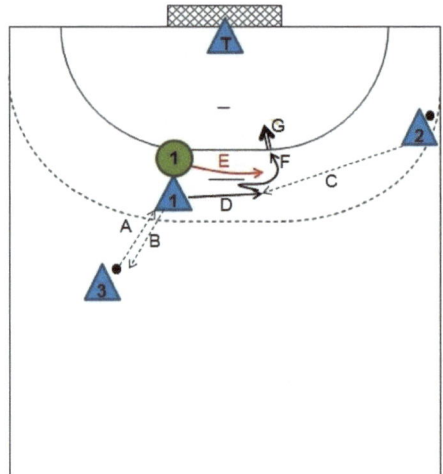

- ▲1 steht mit dem Rücken zu ●1 und bekommt von ▲3 einen Ball gepasst (A).

- ▲1 fängt den Ball einhändig gegen den Widerstand von ●1 und passt ihn zu ▲3 zurück (B).

- Sofort beim Rückpass rollt ▲2 einen Ball in den 9-Meterraum (C).

- ▲1 läuft zum Ball (D) und nimmt ihn auf.

- ●1 begleitet die Bewegung (E) und versucht, nachdem ▲1 den Ball aufgenommen hat, den Durchbruch von ▲1 zum Tor zu verhindern.

- ▲1 versucht, sich durchzusetzen (F) und mit Wurf abzuschließen (G).

⚠ ●1 soll erst in die Abwehraktion starten, wenn ▲1 den Ball aufgenommen hat. Der Auftaktpass (A) und das Sichern des Balles (D) sollen zugelassen werden.

⚠ ●1 soll zu Beginn der Übung mit 80%igem Widerstand arbeiten. Im Laufe der Übung wird der Widerstand immer weiter erhöht.

| Nr. V6 | Schnelles Umschalten und Durchsetzen 2 | 6 | ★★ |
|---|---|---|---|
| **Benötigt:** | 2 dünne Turnmatten, Ballkiste mit ausreichend Bällen | | |

## Aufbau:
- Zwei dünne Turnmatten wie abgebildet aufbauen.

## Ablauf:
- 1 startet den Ablauf und stellt sich hinter 1 (A).
- 3 läuft mit Ball Richtung 1 und „steckt" den Ball an 1 vorbei zu 1 durch (B).

⚠ 1 soll dabei defensiv agieren und das Anspiel zulassen.

- 1 nimmt den Ball auf und wirft auf das Tor (C).
- Sofort nach dem Wurf macht 1 auf der dünnen Turnmatte einen Purzelbaum (D), läuft über die Matte wieder zurück, bekommt von 3 den zweiten Ball gespielt (E) und wirft auf das Tor (F).
- Danach wiederholt sich der Ablauf mit 2 und 3 (G).
- Sobald 2 seine Wurfserie abgeschlossen hat, wiederholt 1 den Ablauf ein zweites Mal, danach ist 2 an der Reihe (1 und 2 werfen insgesamt jeweils 4 Mal).
- Danach rotieren die Spieler eine Position weiter und der Ablauf wiederholt sich.

## Gesamtablauf:
- Jeder Spieler absolviert den Ablauf insgesamt 4 Mal (= 16 Würfe).

## 3. Die Rollen/Aufgaben des Trainers

Ein erfolgreiches Training hängt stark von der Person und dem Verhalten des Trainers ab. Es ist deshalb wichtig, im Training bestimmte Verhaltensregeln zu beachten, um den Erfolg des Trainings zu ermöglichen. Das soziale Verhalten des Trainers bestimmt den Erfolg in einem ebenso großen Maße wie die reine Fachkompetenz. Gerade im Jugendbereich ist der Trainer auch ein Vorbild und kann durch sein Verhalten auch die Entwicklung der Jugendlichen prägen.

**Der Trainer sollte:**
- der Mannschaft zu Beginn des Trainings eine kurze Trainingsbeschreibung und die Ziele bekannt geben.
- immer laut und deutlich reden.
- den Ort der Ansprache so wählen, dass alle Spieler die Anweisungen und Korrekturen hören können.
- Fehler erkennen und korrigieren. Beim Korrigieren Hilfestellung geben.
- den Schwerpunkt der Korrekturen auf das Trainingsziel legen.
- individuelle Fortschritte hervorheben und loben (dem Spieler ein positives Gefühl vermitteln).
- fördern und permanent fordern.
- im Training, bei Spielen, aber auch außerhalb der Sporthalle immer als Vorbild auftreten.
- gut vorbereitet und pünktlich zu Training und Spielen erscheinen.

**Vor allem im Jugendbereich:**
- sich auf unterschiedliche körperliche Voraussetzungen einstellen.
- die Spieler motivieren, „am Ball" zu bleiben, auch wenn nicht alles auf Anhieb klappt.

## 4. Trainingseinheiten

| TE 1 | Individuelles Training für den Kreisläufer – Durchsetzen mit Sperren und Absetzen | | ★★ | 90 |
|---|---|---|---|---|

| Startblock | | Hauptblock | | | |
|---|---|---|---|---|---|
| X | Einlaufen/Dehnen | X | Angriff / Individuell | | Sprungkraft |
| | Laufübung | X | Angriff / Kleingruppe | | Sprintwettkampf |
| X | Kleines Spiel | | Angriff / Team | | Torhüter |
| | Koordination | | Angriff / Wurfserie | | |
| | Laufkoordination | | Abwehr / Individuell | **Schlussblock** | |
| | Kräftigung | | Abwehr / Kleingruppe | X | Abschlussspiel |
| | Ballgewöhnung | | Abwehr / Team | | Abschlusssprint |
| X | Torhüter einwerfen | | Athletiktraining | | |
| | | | Ausdauertraining | | |

**Legende:**

✖     Hütchen

🔺1     Angreifer

🟢1     Abwehrspieler

▦     Ballkiste

**Benötigt:**

➔ 5 Hütchen, Ballkiste mit ausreichend Bällen, Pfeife

**Beschreibung:**

Ziel der Trainingseinheit ist das Verbessern des Stellungsspiels des Kreisläufers. Nach der Erwärmung und einem kleinen Spiel wird der Torhüter aus der Kreisläuferposition eingeworfen. In einer individuellen Angriffsübung wird das Durchsetzen am Kreis geübt, bevor in zwei Übungen in der Kleingruppe das Stellungsspiel und das Absetzen bei defensiver und halboffensiver Abwehr trainiert werden. In einem Abschlussspiel sollen die Varianten eingesetzt werden.

Insgesamt besteht die Trainingseinheit aus folgenden Schwerpunkten

- Einlaufen/Dehnen     (Einzelübung: 10 Minuten / Trainingsgesamtzeit: 10 Minuten)
- Kleines Spiel (10/20)
- Torhüter einwerfen (10/30)
- Angriff/Individuell (15/45)
- Angriff/Kleingruppe (20/65)
- Angriff/Kleingruppe (10/75)
- Abschlussspiel (15/90)

**Gesamtzeit der Trainingseinheit: 90 Minuten**

| Nr.: 1-1 | Einlaufen/Dehnen | 10 | 10 |
|----------|------------------|----|----|

**Aufbau:**
- Einige Hütchen außerhalb des 9-Meterraums aufstellen.

**Ablauf:**
- Die Spieler bewegen sich durcheinander im 9-Meter-Raum, während sie den Ball prellen (A).
- Dabei werden verschiedene Lauf- und Prellvariationen durchgeführt (Ball prellen und Arm kreisen/Hopserlauf und Prellen, abwechselnd mit rechts und links prellen o. ä.).
- Auf Pfiff des Trainers finden sich

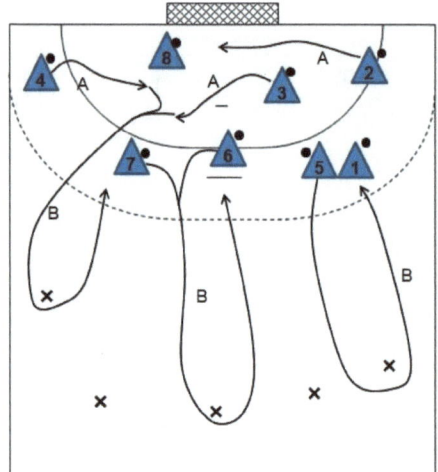

die Spieler zu Paaren zusammen, nehmen sich an die Hand und laufen gemeinsam um eines der aufgestellten Hütchen und wieder zurück in den 9-Meter-Raum (B). Beide Spieler prellen während des gemeinsamen Laufens ihren Ball.
- Das Paar, das zuletzt wieder im 9-Meter-Raum ankommt, und alle Spieler, die keinen Partner gefunden haben, machen 10 schnelle Hampelmänner, danach wiederholt sich der Ablauf.

Gemeinsam in der Gruppe dehnen.

| Nr.: 1-2 | Kleines Spiel | 10 | 20 |
|---|---|---|---|

**Ablauf:**

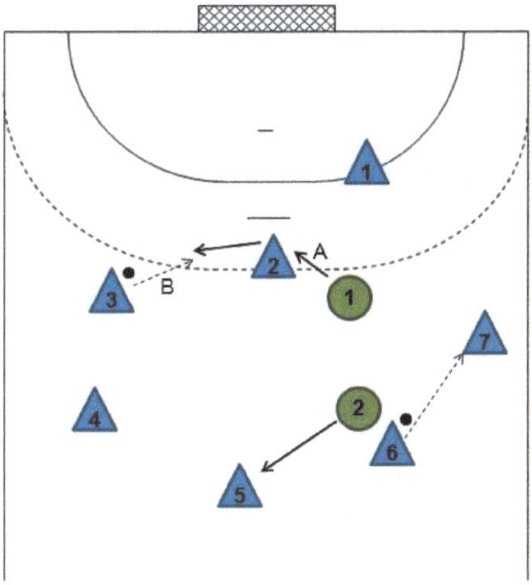

- Zwei Fänger versuchen, die anderen Spieler zu fangen (A).
- Der Spieler, der gerade den Ball hat und der Spieler, der ihn als letztes hatte, dürfen nicht gefangen werden.
- Die Gruppe der gejagten Spieler muss somit den Ball immer zu dem Spieler spielen, der gerade in Gefahr ist, gefangen zu werden (B).
- Wurde ein Spieler gefangen, wird er zum Fänger.

**Wichtig:**

- Es müssen so viele Bälle wie Fänger im Spiel sein.
- Die Fänger kennzeichnen (z. B. durch ein Leibchen in der Hand).

| Nr.: 1-3 | Torhüter einwerfen | 10 | 30 |
|---|---|---|---|

**Aufbau:**

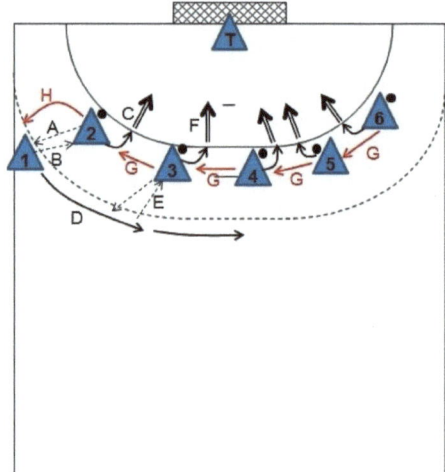

- Alle Spieler verteilen sich mit Ball am Kreis, ein Spieler steht auf der Außenposition (auf Höhe des 9-Meter-Kreises).

**Ablauf:**

- 2 passt zu 1 (A), bekommt den Rückpass (B), dreht sich am Kreis und wirft (C) nach Vorgabe (Hände, hoch, tief).
- Sofort nach dem Rückpass von 1 zu 2 (B), läuft 1 am 9-Meter-Kreis entlang (D), spielt einen Doppelpass mit 3 (E), der sich ebenfalls dreht und wirft (F), dann einen Doppelpass mit 4 usw., bis 1 mit jedem Spieler einen Doppelpass gespielt hat und alle anderen Spieler geworfen haben.
- Nach seinem Wurf geht jeder Spieler mit Ball eine Position weiter nach links (G). 1 stellt sich ganz rechts außen an den Kreis und 2 wird in der nächsten Runde zum Passgeber für die Doppelpässe (H).
- Usw.

⚠ Die Doppelpässe sollen schnell und sicher gespielt werden, sodass die Würfe kurz hintereinander erfolgen und für den Torhüter eine Serie entsteht.

⚠ Die Spieler am Kreis entscheiden selbst, in welche Richtung sie sich drehen. Eventuell nach einigen Durchgängen vorgeben, dass jeder Spieler die Drehrichtung umkehren soll.

handball-uebungen.de
Trainingseinheiten und Übungen für Ihr Training!

| Nr.: 1-4 | Angriff / Individuell | 15 | 45 |
|---|---|---|---|

**Aufbau:**

- Drei Abwehrspieler stehen vor der 6-Meter-Linie.
- Ausreichend Bälle bereitlegen.

**Grundablauf:**

- Der Kreisläufer (2) macht acht Aktionen hintereinander (vier von jeder Seite), dann werden die Aufgaben gewechselt (neuer Kreisläufer, Abwehr, Anspieler).

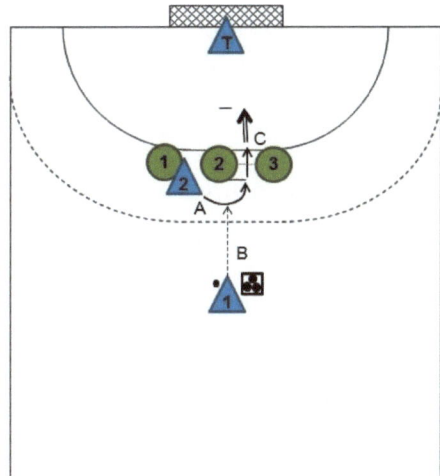

**Ablauf 1 (Bild 1):**

- Die Abwehrspieler 2 und 3 stehen sich gegenüber und halten sich an den Händen.

Bild1

- 2 startet von links, läuft im Bogen um 2 (A), bekommt von 1 den Pass in den Lauf (B), springt durch die Lücke zwischen 2 und 3 und wirft (C).

- 2 durchbricht dabei die mit den Armen von 2 und 3 gehaltene Schranke. Die beiden Abwehrspieler fassen sich locker, sodass sich die Hände beim Durchbruch lösen, geben den Weg aber nicht vor dem Kontakt mit 2 frei.

- Danach dreht sich 2 um und fasst sich mit 1 an den Händen und 2 startet für den nächsten Wurf von der anderen Seite.

## Ablauf 2 (Bild 2):

- Die Abwehrspieler gehen etwas weiter auseinander als in Ablauf 1 und fassen sich nicht mehr an den Händen.

- ②2 startet von links, läuft im Bogen um ②2 (A), bekommt von ▲1 den Pass in den Lauf (B) und versucht, durch die Lücke zwischen ②2 und ②3 zu springen (C).

- Bewegt ②2 sich in die Lücke und schließt damit die Lücke zu ②3 (D), dreht sich ▲2 um ②2 herum und wirft links von ②2 (E).

- In der nächsten Runde startet ▲2 von rechts.

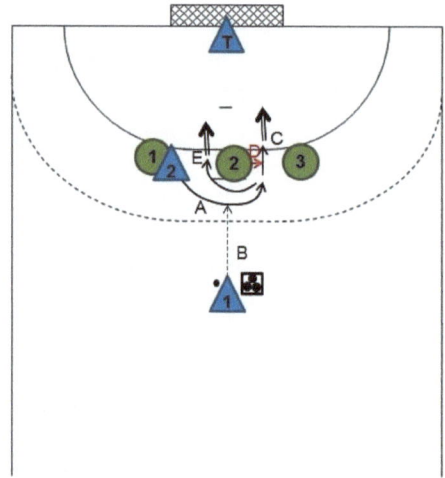

Bild 2

⚠ Die äußeren Abwehrspieler bleiben stehen, nur ②2 schließt eventuell die Lücke.

⚠ ▲2 soll am Kreis mit hoher Dynamik arbeiten und entschlossen durch die Lücken springen.

| Nr.: 1-5 | Angriff / Kleingruppe | 20 | 65 |
| --- | --- | --- | --- |

## Aufbau:

- Das Spielfeld mit einem Hütchen in eine rechte und linke Hälfte teilen.

## Ablauf 1 (Bild 1):

- 1 passt zu 3 (A), zieht im Anschluss im Bogen zur Mitte (B) und bekommt den Rückpass (C).
- Beim Auftaktpass von 1 zu 3 positioniert sich 2 am Kreis in der Innensperre bei 1.
- 1 trifft folgende Entscheidung:
  - Bleibt 2 defensiv, wirft 1 aus dem Rückraum (nicht im Bild).
  - Tritt 2 auf 1 heraus (D), passt 1 in die hinter 2 entstehende Lücke (E) zu 2, der sich aus der Sperre absetzt und wirft (F).
- Nach der Aktion wechselt 2 als Abwehrspieler auf die andere Spielfeldhälfte (G) und 4 startet den Ablauf auf der anderen Seite (H und J) mit 5 am Kreis.

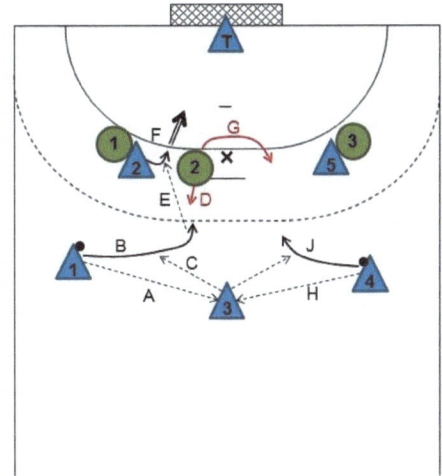
Bild1

## Ablauf 2 (Bild 2):

- Der Auftakt aus Ablauf 1 (A bis C) bleibt erhalten, es wird jetzt mit dem Kreisläufer auf der anderen Seite zusammengespielt.
- 1 trifft folgende Entscheidung:
  - Bleibt 2 defensiv, wirft 1 aus dem Rückraum (nicht im Bild).
  - Tritt 2 auf 1 heraus (D), läuft 5 in die entstehende Lücke (E), bekommt von 1 den Ball in den Lauf (F) und wirft (G).

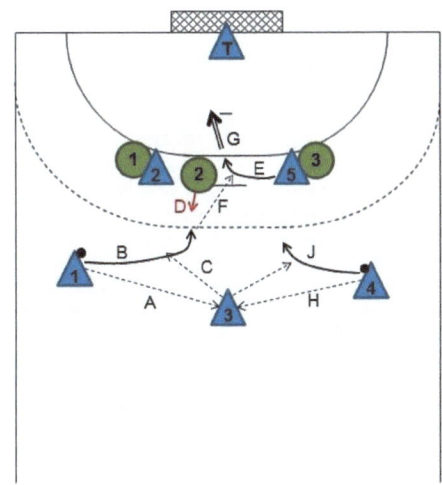
Bild 2

- Nach der Aktion wechselt ② als Abwehrspieler auf die andere Spielfeldhälfte und ▲ startet den Ablauf auf der anderen Seite (H und J) mit ② am Kreis.

⚠ Die Kreisläufer sollen so lange wie möglich in der jeweiligen Innensperre stehen bleiben und sich erst so spät wie möglich absetzen.

⚠ Die Abwehrspieler geben im Verlauf der Übung zunehmend Gegendruck, sodass der Kreisläufer arbeiten muss, um die Position für den Wurf zu sichern.

⚠ In beiden Abläufen tauschen die Kreisläufer nach einigen Durchgängen die Position und spielen den Ablauf auch von der anderen Seite.

| Nr.: 1-6 | Angriff / Kleingruppe | 10 | 75 |
|---|---|---|---|

**Aufbau:**
- Das Spielfeld mit einem Hütchen in eine rechte und linke Hälfte teilen.

**Ablauf:**
- ▲3 passt zu ▲1 (A) und bekommt den Rückpass in den Lauf (B).
- Während des Rückpasses stellt ▲2 bei ①, der auf ▲3 heraustritt, eine Sperre nach innen (C).
- ▲3 zieht zunächst leicht nach links und bricht dann zur Mitte ab (D).
- ▲3 trifft dann die Entscheidung:
  - bleibt ② defensiv, wirft ▲3 aus dem Rückraum (nicht im Bild).
  - tritt ② heraus (E), passt ▲3 in den entstehenden Raum (F) zu ▲2, der sich aus der Sperre absetzt und wirft (G).
- Nach dem Wurf laufen ② und ▲2 auf die andere Spielfeldhälfte und ▲4 startet den Ablauf auf der anderen Seite (H).

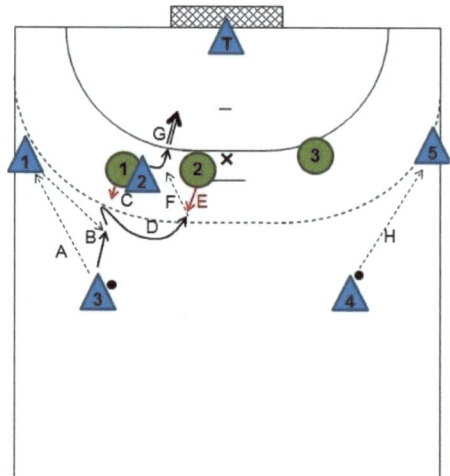

⚠ Die Kreisläufer sollen so lange wie möglich in der Sperre stehen bleiben und sich erst so spät wie möglich absetzen.

⚠ Nach einigen Aktionen auf beiden Seiten Angriff, Abwehr und Kreisläufer tauschen.

| Nr.: 1-7 | Abschlussspiel | 15 | 90 |
|---|---|---|---|

**Aufbau:**

- Mit einem Hütchen das Spielfeld begrenzen.

**Ablauf:**

- Zwei Mannschaften spielen im 4gegen4 gegeneinander.
- Die angreifende Mannschaft spielt 10 Angriffe, dann ist Aufgabenwechsel.
- Für jedes Tor gibt es einen Punkt. Wird das Tor durch den Kreisläufer oder über eine Kreisläufersperre erzielt (A, B und C), erhält der Angriff zwei Punkte.
- Welche Mannschaft hat nach den 10 Angriffen mehr Punkte?

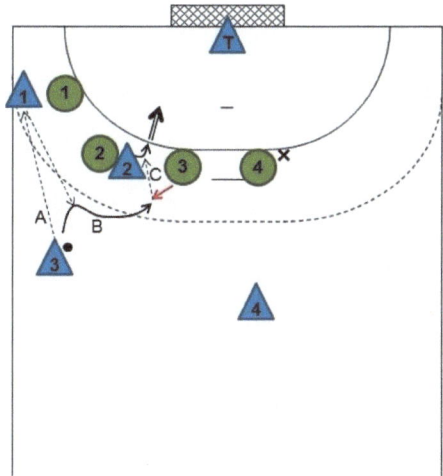

Notizen:

_____

_____

_____

_____

_____

| TE 2 | Kreisläufer – Erarbeiten eines Stellungsvorteils im Zusammenspiel in der Kleingruppe | | ★ ★ | 90 |
|---|---|---|---|---|

| Startblock | | Hauptblock | | | |
|---|---|---|---|---|---|
| X | Einlaufen/Dehnen | X | Angriff / Individuell | | Sprungkraft |
| | Laufübung | X | Angriff / Kleingruppe | | Sprintwettkampf |
| X | Kleines Spiel | | Angriff / Team | | Torhüter |
| | Koordination | | Angriff / Wurfserie | | |
| | Laufkoordination | | Abwehr / Individuell | | **Schlussblock** |
| | Kräftigung | | Abwehr / Kleingruppe | X | Abschlussspiel |
| X | Ballgewöhnung | | Abwehr / Team | | Abschlusssprint |
| X | Torhüter einwerfen | | Athletiktraining | | |
| | | | Ausdauertraining | | |

**Legende:**

✘  Hütchen

△1  Angreifer

●1  Abwehrspieler

▣  Ballkiste

**Benötigt:**

Ca. 8–12 Hütchen, Ballkiste mit ausreichend Bällen

**Beschreibung:**

Ziel der vorliegenden Trainingseinheit ist die Verbesserung des Stellungsspiels des Kreisläufers. Nach der Erwärmung und einem kleinen Spiel wird in der Ballgewöhnung und dem Torhüter-Einwerfen das Kreisanspiel unter erschwerten Bedingungen und mit verschiedenen Passvarianten geübt. Es folgt eine individuelle Übung zum Sperren des Kreisläufers, bevor in zwei Kleingruppenübungen die Kooperation mit Rückraum und Außenspieler erarbeitet wird. In einem Abschlussspiel soll das Geübte angewendet werden.

Insgesamt besteht die Trainingseinheit aus folgenden Schwerpunkten
- Einlaufen/Dehnen (Einzelübung: 10 Minuten / Trainingsgesamtzeit: 10 Minuten)
- Kleines Spiel (10/20)
- Ballgewöhnung (15/35)
- Torhüter einwerfen (10/45)
- Angriff/Individuell (10/55)
- Angriff/Kleingruppe (10/65)
- Angriff/Kleingruppe (10/75)
- Abschlussspiel (15/90)

**Gesamtzeit der Trainingseinheit: 90 Minuten**

| Nr.: 2-1 | Einlaufen/Dehnen | 10 | 10 |
|---|---|---|---|

**Ablauf:**
- Die Spieler bilden 2er-Teams mit einem Ball je Team.
- Die 2er-Teams laufen durcheinander im 9-Meter-Raum und passen sich fortlaufend einen Ball.
- Dabei werden verschiedene Wurfvarianten ausprobiert (Bodenpässe, Pässe über Kopf, Pässe hinter dem Rücken).
- Ein Team hat keinen Ball und versucht, die Pässe der anderen Gruppe zu erschweren bzw. abzufangen und dann mit dem gewonnenen Ball weiterzuspielen.

Gemeinsam in der Gruppe dehnen.

| Nr.: 2-2 | Kleines Spiel | 10 | 20 |
|---|---|---|---|

**Aufbau:**
- Zwei rechteckige Felder auf zwei diagonalen Seiten des Spielfeldes mit Hütchen abgrenzen oder über Linien am Hallenboden definieren.

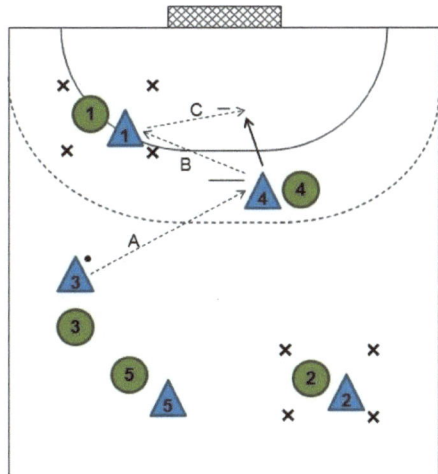

**Ablauf:**
- Es werden zwei Mannschaften gebildet, die Parteiball gegeneinander spielen.
- Ein Spieler jeder Mannschaft steht jeweils in den abgegrenzten rechteckigen Feldern.
- Die Mannschaft in Ballbesitz versucht, durch schnelle Pässe (A) und geschicktes Laufen Punkte zu erzielen.
- Ein Punkt wird erzielt, wenn ein Pass zu dem Mitspieler innerhalb des rechteckigen Feldes gepasst wird (B) und dieser Spieler den Ball wieder zum Passgeber zurück spielt (C).
- Eine Mannschaft kann mehrere Punkte in Folge erzielen, muss allerdings nach jedem Punkt zum anderen rechteckigen Feld laufen und dort versuchen, wieder einen Punkt zu erzielen.
- Die abwehrende Mannschaft versucht, den Ball zu gewinnen und dann ihrerseits Punkte zu erzielen.
- Wer hat nach Ablauf der Spielzeit mehr Punkte ?

**Variation:**
- Der Rückpass (C) muss nicht zum Passgeber erfolgen, sondern darf zu einem beliebigen Spieler der eigenen Mannschaft gepasst werden.

⚠ Die Spieler in den rechteckigen Feldern müssen sich geschickt bewegen, um den Ball zu bekommen und sollen diesen sofort zurückspielen.

⚠ Der Abwehrspieler im rechteckigen Feld soll nach Möglichkeit den Pass abfangen; gelingt dies nicht, soll er zumindest den Rückpass erschweren.

⚠ Die Spieler in den rechteckigen Feldern regelmäßig wechseln.

| Nr.: 2-3 | Ballgewöhnung | 15 | 35 |
|----------|---------------|----|----|

**Aufbau:**
- 5er-Gruppen bilden, für jede Gruppe zwei Hütchen (Abstand 3-4 Meter) aufstellen.

**Ablauf:**
- Zwei Spieler beginnen als Abwehrspieler ( 1 und 2 ). Sie bewegen sich mit schnellen Sidesteps zueinander versetzt zwischen den Hütchen hin und her. (A).
- 3 steht als Kreisläufer hinter den beiden Abwehrspielern.
- 1 passt den Ball zu 2 (B), stößt an (C), bekommt den Ball von 2 (D) und versucht, 3 anzuspielen (E).
- 3 spielt den Ball zu 2 zurück (F) und der Ablauf beginnt von vorne.
- Andere Gruppen führen den Ablauf parallel durch, nach einigen Aktionen werden die Rollen innerhalb der 5er-Gruppen gewechselt, bis jeder einmal jede Position gespielt hat.

**Variation:**
- Der Pass von 1 zu 3 (E) erfolgt als Sprungwurfpass.

⚠ 1 muss die Abwehr beobachten, um das richtige Timing für den Pass zu 3 finden und die richtige Passsvariante zu wählen.

⚠ Die Abwehrspieler behalten ihre Seitwärtsbewegungen bei, dürfen aber die Arme zur Abwehr des Balles benutzen.

| Nr.: 2-4 | Torhüter einwerfen | 10 | 45 |
|---|---|---|---|

**Ablauf:**

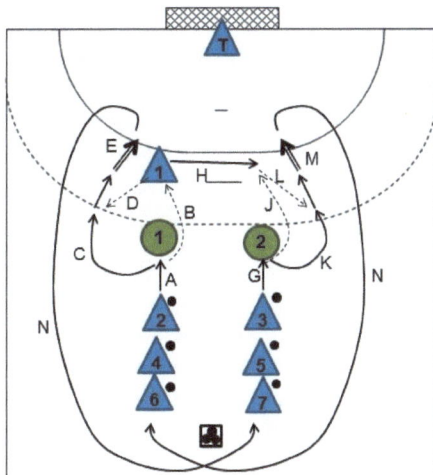

- 2 startet mit Ball (A), passt an 1 vorbei an den Kreis zu 1 (B), zieht sich dann auf der linken Seite zurück und stößt wieder an (C), bekommt den Rückpass von 1 (D) und wirft nach Vorgabe (Hände, hoch, tief) nach links (E).

- Nach dem Pass von 1 zu 2 (D), startet 3 (G) und passt an 2 vorbei (J) zu 1, der auf die andere Seite läuft (H) und den Ball sichert.

- 3 zieht sich nach rechts zurück, stößt wieder an (K), bekommt von 1 den Ball (L) und wirft nach Vorgabe nach rechts (M).

- Nach dem Wurf stellen die Spieler sich auf der anderen Seite wieder an (N).

**Passvarianten (B und J):**

- Einen hohen Pass antäuschen und den Ball tief am Abwehrspieler vorbei stecken.
- Tief antäuschen und den Ball hoch am Abwehrspieler vorbei legen.
- Pass durch die Beine des Abwehrspielers.

handball-uebungen.de
Trainingseinheiten und Übungen für Ihr Training!

| Nr.: 2-5 | Angriff / Individuell | 10 | 55 |
|----------|----------------------|----|----|

**Ablauf:**

- 1 passt zu 2 (A).

- 2 passt zu 3 (B). Während dieses Passes läuft 1 vor dem defensiven Abwehrspieler 1 ein (C) und versucht, rechts vom Abwehrspieler in die Sperrstellung zu kommen.

- Schafft es 1, die Sperre zu stellen, passt 3 an den Kreis (D) und 1 nutzt seinen Stellungsvorteil, sichert sich den Ball und wirft.

- Geht 1 nach rechts mit (E) und verhindert die Sperre von 1, passt 3 sofort zurück zu 2 (F).

- 1 dreht sich schnell um 1 herum und stellt die Sperre links von 1 (G).

- 2 passt an den Kreis (H), 1 sichert den Ball und wirft (J).

- Dann startet 4 mit dem gleichen Ablauf.

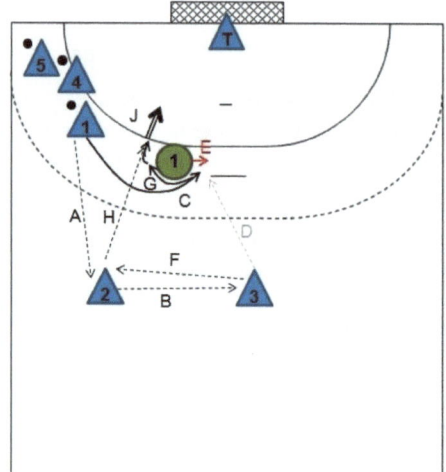

⚠ 1 soll deutliche Sperren an 1 stellen und die erste Sperre nutzen, um sich schon einen Stellungsvorteil für die zweite Sperre zu erarbeiten.

| Nr.: 2-6 | Angriff / Kleingruppe | 10 | 65 |
|---|---|---|---|

**Aufbau:**
- Die Feldgröße mit zwei Hütchen begrenzen.

**Ablauf:**
- Der Ball wird zunächst im Rückraum gepasst.
- Mit dem Pass von 3 zu 2 (B), verlagert 2 nach außen (A).
- Parallel stellt sich 1 in die Sperre bei 2.
- Schafft es 1, einen guten Stellungsvorteil gegenüber 2 zu erarbeiten, passt 2 in den freien Raum an den Kreis (C), 1 sichert den Ball und wirft.
- Verhindert 2 den Pass zu 1 (C), bricht 2 im Bogen nach innen ab (D).
- In die Bewegung nach innen, stellt 1 die Sperre bei 1 (E). Sollte 1 etwas heraustreten, stellt 1 die Sperre entsprechend.
- 2 entscheidet nun. Bleibt 2 defensiv, wirft 2 (nicht im Bild).
- Tritt 2 etwas heraus (F), spielt 2 zu 1 (G) (eventuell auch als Sprungwurfpass), der den Ball sichert und wirft (H).
- Verhindert 1 den Pass zu 1, läuft der Ball auf die andere Seite (J und K) und 1 spielt den gleichen Ablauf auf der anderen Seite mit 4.
- Nach einigen Aktionen Angriff, Abwehr und evtl. Kreisläufer wechseln.

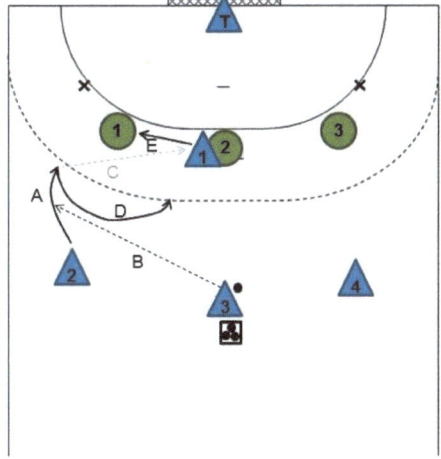

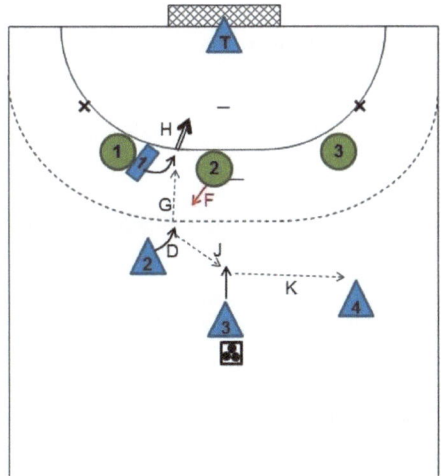

Bild1

Bild 2

⚠ 1 soll deutliche Sperren stellen und sich in jeder Aktion einen Stellungsvorteil erarbeiten.

⚠ Die Rückraumspieler sollen deutlich nach außen verlagern und dann weit nach innen ziehen, um Platz für ein Zusammenspiel mit dem Kreisläufer zu schaffen.

| Nr.: 2-7 | Angriff / Kleingruppe | 10 | 75 |
|---|---|---|---|

**Aufbau:**
- Jeweils mit Hütchen die Spielbereiche auf der linken und rechten Seite begrenzen.

**Ablauf:**
- In der Übung spielen der Außenspieler und der Kreisläufer gegen zwei Abwehrspieler.
- ▲4 passt zu ●2 (A).
- Der Außenspieler bekommt den Ball (B) weit außen.
- Beim Pass von ●2 zu ●1 (B), steht der Kreisläufer (▲3) in der Außensperre bei ●2 und kann,

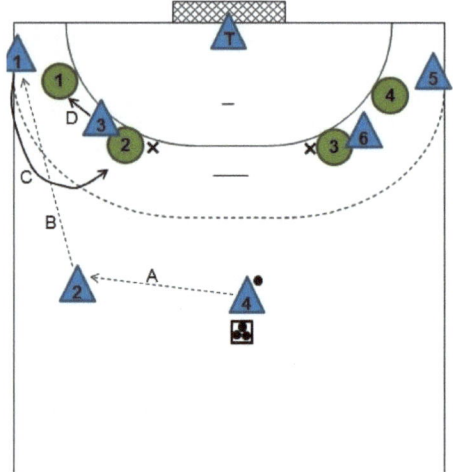

Bild1

falls ●2 nicht aufmerksam ist, direkt den Pass von ▲1 bekommen (nicht im Bild).

- ▲1 startet in den Ball (B) und zieht im großen Bogen nach innen (C).
- In die Bewegung nach innen, stellt ▲3 die Sperre an ●1 (D).
- ▲1 entscheidet nun. Bleibt ●2 defensiv, wirft ▲1.
- Tritt ●2 auf ▲1 heraus, erfolgt der Pass in den Raum hinter ●2 (E), ▲3 sichert den Ball und wirft (F).
- ▲2 und ▲4 verlagern nach der Aktion auf die andere Seite (G).
- ▲2 nimmt einen Ball aus der Ballkiste und der Ablauf startet auf der rechten Seite.

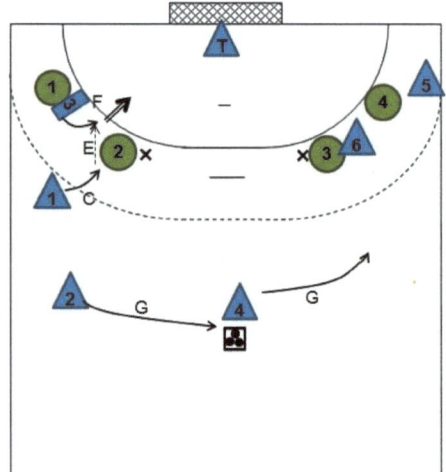

⚠ ▲3 soll deutliche Sperren stellen und sich in jeder Aktion einen Stellungsvorteil erarbeiten.

Bild 2

| Nr.: 2-8 | Abschlussspiel | 15 | 90 |
|----------|----------------|----|----|

**Aufbau:**
- Das Spielfeld mit einem Hütchen in zwei Hälften teilen.

**Ablauf:**
- Der Angriff spielt zunächst 3gegen3 (1, 2 und 5 gegen 1, 2 und 3) auf der linken Seite mit Anspieler 3.
- Dabei sollen Außen und Rückraum versuchen, mit dem Kreisläufer zu spielen wie in den beiden vorangegangenen Übungen.
- Z. B. verlagert 2 beim Zuspiel von 3 (A) zunächst nach außen und zieht dann zur Mitte (B), 5 stellt die Sperre bei 2, bekommt den Ball von 2 (C) und wirft (D).
- Ein Tor gibt einen Punkt für den Angriff.
- Nach der Aktion wechseln der Kreisläufer (5) und ein Abwehrspieler (hier: 3) auf die andere Seite (E).
- 2 wird zum neuen Anspieler (F) und 3 spielt auf Rückraum rechts (G).
- Dann spielen auf der rechten Seite 3, 4 und 5 gegen 3, 4 und 5.
- Nach 10 Aktionen (fünf auf jeder Seite) wechseln Abwehr und Angriff die Aufgaben.
- Welches Team erzielt mehr Tore?

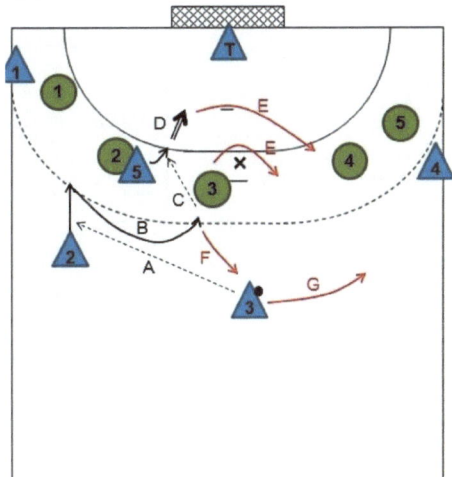

Notizen:

_____

_____

_____

_____

_____

| TE 3 | Verbessern des Zusammenspiels zwischen Rückraumspieler und Kreisläufer | | ★★★ | 90 |
|------|----------------------------------------------|---|---|---|

| Startblock | | Hauptblock | | | |
|---|---|---|---|---|---|
| X | Einlaufen/Dehnen | | Angriff / Individuell | | Sprungkraft |
| | Laufübung | X | Angriff / Kleingruppe | | Sprintwettkampf |
| | Kleines Spiel | X | Angriff / Team | | Torhüter |
| | Koordination | | Angriff / Wurfserie | | |
| X | Laufkoordination | | Abwehr / Individuell | | **Schlussblock** |
| | Kräftigung | | Abwehr / Kleingruppe | | Abschlussspiel |
| X | Ballgewöhnung | | Abwehr / Team | | Abschlusssprint |
| X | Torhüter einwerfen | | Athletiktraining | | |
| | | | Ausdauertraining | | |

**Legende:**

✕        Hütchen

△1       Angreifer

●1       Abwehrspieler

⊞        Ballkiste

**Benötigt:**
→ 1 „Unball", je 3 Spieler
6 Hütchen, Ballkiste mit
ausreichend Bällen

**Beschreibung:**

Das Ziel der vorliegenden Trainingseinheit liegt im Zusammenspiel zwischen einem Rückraumspieler und dem Kreisläufer. Nach dem Aufwärmen und einer Übung zur Laufkoordination wird in der Ballgewöhnung die Laufbewegung des Rückraums vorbereitet. Nach dem Torhüter-Einwerfen folgen drei Angriffsübungen, in denen das Zusammenspiel Schritt für Schritt erweitert wird. In einem Spiel im 4gegen4 werden dann die zuvor geübten Abläufe angewendet.

Insgesamt besteht die Trainingseinheit aus folgenden Schwerpunkten
- Einlaufen/Dehnen    (Einzelübung: 10 Minuten / Trainingsgesamtzeit: 10 Minuten)
- Laufkoordination (10/20)
- Ballgewöhnung (10/30)
- Torhüter einwerfen (10/40)
- Angriff/Kleingruppe (10/50)
- Angriff/Kleingruppe (10/60)
- Angriff/Kleingruppe (20/80)
- Angriff/Team (10/90)

**Gesamtzeit der Trainingseinheit: 90 Minuten**

| Nr.: 3-1 | Einlaufen/Dehnen | 10 | 10 |
|----------|------------------|----|----|

**Aufbau:**
- Alle Spieler werden fortlaufend durchnummeriert.

**Ablauf:**
- Die Spieler laufen kreuz und quer durch eine Hallenhälfte und passen sich fortlaufend einen „Unball" (ein Ball, bei dem sich der Schwerpunkt nicht in der Mitte befindet) in der Reihenfolge (1 zu 2 zu 3..., letzter Spieler zu 1 usw.) zu.
- Nach ein paar Durchgängen wird ein Handball dazu genommen. Der Handball muss in der Reihenfolge rückwärts (2 zu 1 zum letzten Spieler...) über den Boden gepasst werden.
- Die Spieler machen zwischen den Pässen eine schnelle Hampelmannbewegung, bevor sie wieder angespielt werden können.

⚠ Die Spieler müssen miteinander kommunizieren, ob der Spieler, den sie gerade anspielen wollen, auch anspielbar ist oder noch die Hampelmannbewegung machen muss.

| Nr.: 3-2 | Laufkoordination | 10 | 20 |
|----------|------------------|----|----|

**Aufbau:**

- Die Spieler gehen in 3er-Gruppen zusammen und stellen sich wie abgebildet neben der Seitenlinie auf.
- Jede 3er-Gruppe stellt sich sechs Hütchen in der Mitte wie abgebildet auf.

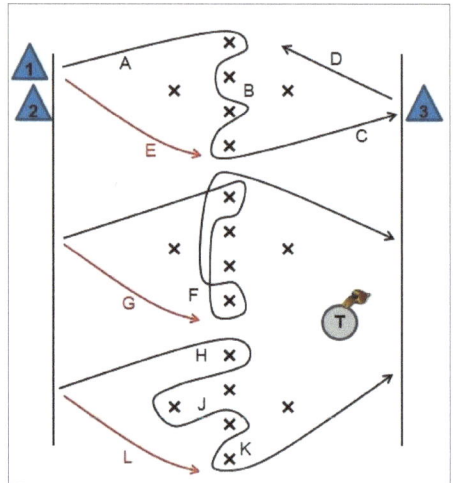

**Ablauf 1:**

- Auf Kommando sprintet von jeder Mannschaft ein Spieler (1) los (A), umläuft die vier Hütchen im Slalom (B) in der Seitwärtsbewegung von links nach rechts, sprintet auf die andere Seite (C) und klatscht dort den Mitspieler (3) ab.

- 3 startet mit dem gleichen Ablauf (D) und klatscht auf der anderen Seite 2 ab usw.

- Die Spieler wiederholen den Ablauf so lange, bis (T) nach einer Minute pfeift, dann dreht sich der Ablauf für eine weitere Minute um, d. h. die Spieler laufen von der anderen Seite an und machen die Seitwärtsbewegung von rechts nach links (E).

- Nach den zwei Minuten bekommen die Spieler eine kurze Pause.

**Danach startet Ablauf 2:**

- Die Spieler umlaufen die Hütchen wie abgebildet; sie können die Laufrichtung (vor-, rück- oder seitwärts) dabei selbst wählen (F).

- Nach einer Minute pfeift (T) wieder, und die Spieler laufen die Hütchen wieder von der anderen Seite an (G).

- Nach den zwei Minuten bekommen die Spieler eine kurze Pause.

**Danach startet Ablauf 3:**

- Die Spieler umlaufen die Hütchen wie abgebildet.
- Die ersten drei Hütchen umlaufen sie dabei in der schnellen Vorwärts- und Rückwärtsbewegung (H und J).
- Das letzte Hütchen wird in der Seitwärtsbewegung umlaufen (K).
- Nach einer Minute pfeift (T) wieder, und die Spieler laufen die Hütchen wieder von der anderen Seite an (L).

| Nr.: 3-3 | Ballgewöhnung | 10 | 30 |
|---|---|---|---|

**Aufbau:**

- 8 Hütchen wie abgebildet aufstellen.

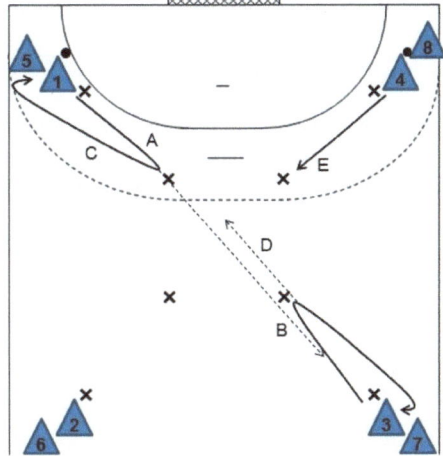

**Ablauf 1:**

- ▲1 stößt mit Ball dynamisch nach vorne (A) und passt ▲3 den Ball in die Stoßbewegung (B).

- Nach dem Pass (A) lässt sich ▲1 sofort rückwärts zurückfallen und stellt sich hinter ▲5 wieder an (C).

- ▲3 stößt ebenfalls dynamisch nach vorne und passt den Ball zu ▲5 (D) usw.

- ▲4 startet zeitgleich zu ▲1 mit dem gleichen Ablauf (E).

**Ablauf 2:**

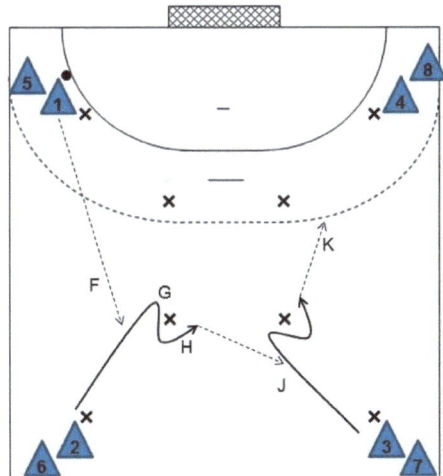

- ▲2 läuft dynamisch nach vorne und bekommt von ▲1 den Ball in den Lauf gespielt (F).

- ▲2 stößt mit Ball (ohne nach der Ballaufnahme zu prellen) links neben das Hütchen und stemmt ein (G), umprellt dynamisch das Hütchen, stößt wieder nach vorne (H) und passt ▲3 den Ball in die Stoßbewegung (J).

- ▲3 wiederholt den Ablauf und passt zu ▲4 (K).

- Usw.

⚠ Die Stoßbewegung (A und B) zum Hütchen soll dynamisch erfolgen und der Pass (B und D) mit einem Stemmschritt eingeleitet werden.

| Nr.: 3-4 | Torhüter einwerfen | 10 | 40 |
|---|---|---|---|

**Aufbau:**

- Immer zwei Spieler stellen sich zwischen der 6- und 9-Meter-Linie auf.
- Der hintere Spieler hat jeweils einen Ball.
- Die vorderen Spieler (ohne Ball) stellen sich mit gespreizten Beinen mit Blickrichtung zum Tor hin.

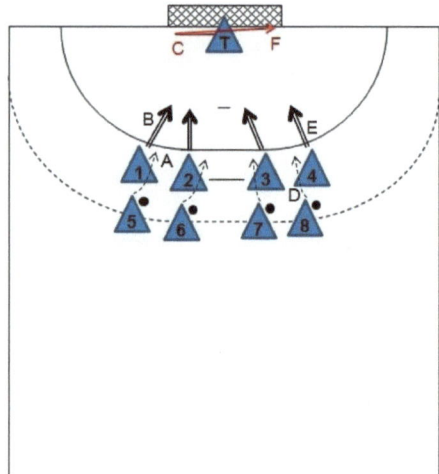

**Ablauf:**

5 prellt seinen Ball durch die Beine von 1 so nach vorne (A), dass 1 ihn nach dem Aufprellen aufnehmen und auf das Tor werfen kann (B).

- 1 wirft dabei nach Vorgabe (hoch, halb, tief) nach links auf das Tor, sodass T aus der Mitte heraus den Ball halten kann (C).
- Mit dem Wurf von 1 prellt 8 seinen Ball durch die Beine von 4 (D). 4 nimmt den Ball auf und wirft nach Vorgabe (hoch, halb, tief) nach rechts auf das Tor.
- Nach dem ersten Wurf (B) geht T sofort auf die andere Torseite und versucht, (F) den von 4 geworfen Ball (E) zu halten.
- Danach wiederholt sich der Ablauf mit den Würfen von 2 und 3.
- Anschließend werden die Aufgaben getauscht.

⚠ Die 4er-Wurfserie soll so erfolgen, dass für T ein flüssiger Ablauf stattfindet. Das Timing beim Prellen durch die Beine der Geschwindigkeit von T anpassen.

| Nr.: 3-5 | Angriff / Kleingruppe | 10 | 50 |
|---|---|---|---|

**Aufbau:**

- Zwei kleine Spielbereiche mit Hütchen wie abgebildet markieren.
- Jeweils ein Abwehrspieler und ein Kreisläufer befinden sich in einem Hütchenkorridor.

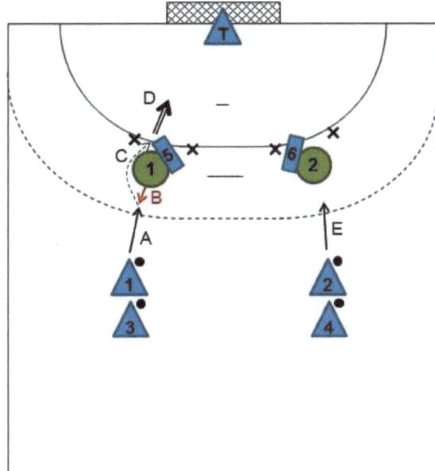

**Ablauf:**

- ▲1 prellt mit Ball direkt geradeaus auf ●1 zu (A).
- ●1 tritt der Bewegung von ▲1 entgegen (B).
- ▲5 hält die Position hinter ●1 und bleibt am Kreis stehen.
- ▲1 spielt ▲5 an ●1 vorbei an (C).
- ▲5 schließt mit Wurf ab (D).
- Danach wiederholt sich der Ablauf auf der anderen Seite (E) usw.

⚠ ▲1 probiert beim Anspiel zu ▲5 verschiedene Varianten aus (durch die Beine, über den Kopf von ●1, rechts/links am Körper vorbei, mit Täuschung).

⚠ ●1 soll der Bewegung von ▲1 deutlich entgegentreten und mit Armbewegungen versuchen, ein Anspiel zu verhindern, aber ▲1 nicht direkt attackieren. Ein Anspiel soll möglich sein.

| Nr.: 3-6 | Angriff / Kleingruppe | 10 | 60 |
|---|---|---|---|

**Aufbau:**

- Zu Beginn der Übung, einen breiten Hütchenkorridor markieren.
- **6** steht zwischen **1** und **2**.
- **7** wartet auf der Seite bis er an der Reihe ist.

**Ablauf:**

- **1** prellt mit Ball leicht nach links von **1** (A).
- **1** tritt der Bewegung von **1** entgegen und lässt sich mitziehen (B).
- **6** geht bei **2** in die Sperrstellung (C).
- **1** passt zu **6** Richtung Kreis (D).
- **6** nimmt den Ball auf und wirft auf das Tor (E).
- Nach dem Pass sprintet **1** sofort zur Mittelinie, holt sich einen neuen Ball und stellt sich wieder an (F).
- Danach wiederholt sich der Ablauf mit **2**. **2** prellt auf die andere Seite nach rechts neben **2** und **6** geht bei **1** in die Sperrstellung.
- Nach den zwei Aktionen ist **7** für zwei Aktionen an der Reihe, usw.
- Nach ein paar Durchgängen den Hütchenkorridor enger stellen, damit der Platz für das Anspiel zu **6** (**7**) kleiner wird.

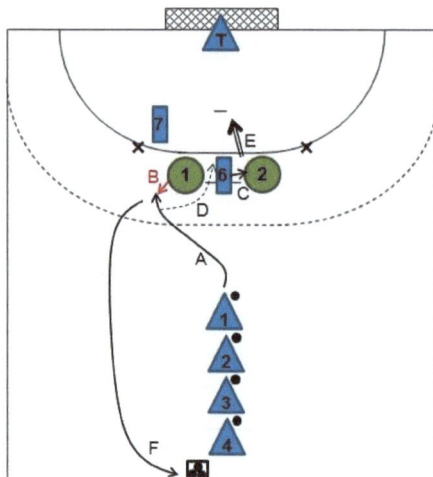

⚠ **1** muss beim Anspiel so nah wie möglich an **1** herantreten, damit **1** herauskommt. Aber er darf nicht zu nah zu **1** laufen, damit er nicht „zugemacht" wird.

⚠ **1** soll der Bewegung von **1** entgegentreten und versuchen, mit Armeinsatz das Anspiel zu verhindern (D). Kommt **1** zu nah, darf **1** auch gegen den Körper (Wurfarm) arbeiten.

| Nr.: 3-7 | Angriff / Kleingruppe | 20 | 80 |
|---|---|---|---|

**Aufbau:**

- Hütchenkorridor wie in der Übung zuvor aufstellen.

**Ablauf:**

- **1** passt den Ball zu **2** und bekommt ihn in die Laufbewegung nach links zurück gepasst (A).

- **6** soll dabei die Sperre diagonal zur Laufbewegung bei **2** stellen (B).

- **1** prellt mit Ball dynamisch nach rechts und zieht **2** nach rechts weg (C).

- **6** stellt sich bei der Querbewegung von **1** zu **1** in die Sperrstellung (D).

- **2** tritt auf **1** heraus (E).

- **1** spielt an **2** vorbei den Ball zu **6** in die Sperrstellung bei **1** (F).

- **6** schließt mit Wurf ab (G).

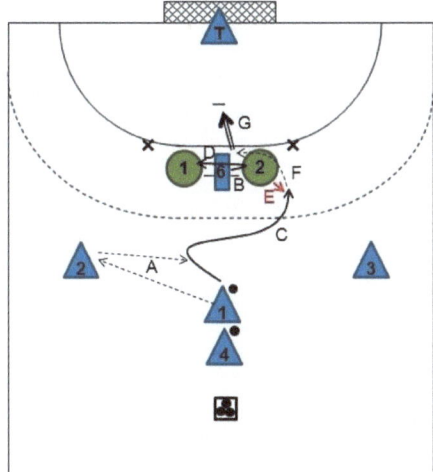

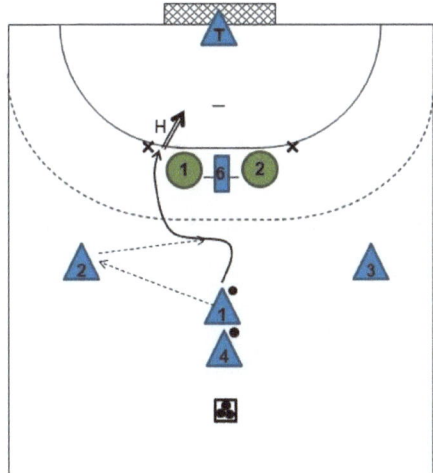

⚠ **1** und **6** nehmen bei der Aktion Blickkontakt auf.

⚠ **6** muss jeweils die Sperre so stellen, dass sich der gesperrte Abwehrspieler nicht außenherum bewegen und in den Passweg stellen kann.

⚠ Die Sperrstellung muss **6** nur durch die Körperstellung schaffen (breitbeinig), er darf die Hände nicht benutzen.

## Erweiterung:

- ▲1 darf seinen Anlaufweg auf die Abwehr jetzt frei wählen, entweder direkt oder durch eine Verlagerung.
- ▲6 soll auf den Anlaufweg von ▲1 reagieren und die Sperrstellung entsprechend setzen.
- ▲1 darf jetzt auch selbst versuchen, durchzubrechen, wenn die Abwehr nicht konsequent genug auf ▲1 heraustritt (H).

## Wettkampf:

- ▲1 und ▲6 spielen gegen ●1 und ●2 fünf Angriffe, danach werden die Aufgaben getauscht. Welche Mannschaft schafft mehr Tore?
- ▲2 und ▲3 dienen im Zusammenspiel als Anspielstationen.
- Danach wiederholt sich der Ablauf mit vier neuen Spielern.

| Nr.: 3-8 | Angriff / Team | 10 | 90 |
|----------|----------------|----|----|

**Aufbau:**

- Zwei Mannschaften spielen im 4gegen4 gegeneinander.

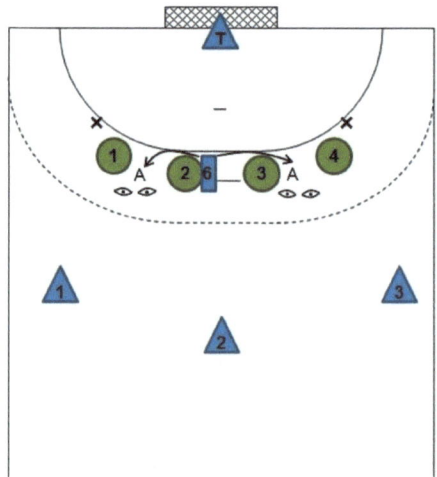

**Ablauf:**

- Die angreifende Mannschaft versucht, durch das zuvor geübte Zusammenspiel mit ▲6 zum Abschluss zu kommen. Erzielen die Angreifer daraus ein Tor, erhalten sie dafür zwei Punkte.
- Die angreifende Mannschaft darf aber auch den Durchbruch versuchen, wenn die Abwehrspieler nicht konsequent der Stoßbewegung entgegentreten, weil sie das Anspiel an den Kreis verhindern wollen. Erzielen die Angreifer daraus ein Tor, erhalten sie dafür einen Punkt.
- Welche Mannschaft erzielt mit fünf (10) Angriffen mehr Punkte?

⚠ Die Angreifer kommunizieren mit ▲6 durch Blickkontakt, damit er sich entsprechend zwischen zwei Abwehrspieler stellt (A).

| TE 4 | Kleingruppenspiel: Stoßen-Gegenstoßen im Rückraum und Zusammenspiel mit dem Kreis | | ★★★ | 90 |
|---|---|---|---|---|
| **Startblock** | | **Hauptblock** | | |
| X | Einlaufen/Dehnen | X | Angriff / Individuell | Sprungkraft |
| | Laufübung | X | Angriff / Kleingruppe | Sprintwettkampf |
| | Kleines Spiel | X | Angriff / Team | Torhüter |
| | Koordination | | Angriff / Wurfserie | |
| | Laufkoordination | | Abwehr / Individuell | **Schlussblock** |
| | Kräftigung | | Abwehr / Kleingruppe | Abschlussspiel |
| X | Ballgewöhnung | | Abwehr / Team | Abschlusssprint |
| X | Torhüter einwerfen | | Athletiktraining | |
| | | | Ausdauertraining | |

**Legende:**

✖     Hütchen

🔺1     Angreifer

🟢1     Abwehrspieler

▦     Ballkiste

**Benötigt:**
→ 8 Hütchen, Ballkiste mit ausreichend Bällen

**Beschreibung:**
Der Schwerpunkt dieser Trainingseinheit liegt im Zusammenspiel des Rückraums im Stoßen-Gegenstoßen und dem Pass zum Kreisläufer. Nach der Erwärmung folgt mit der Ballgewöhnung der erste methodische Schritt im Zusammenspiel zwischen Rückraumspieler und Kreisläufer. Das Torhüter-Einwerfen und eine anschließende Angriffsübung erarbeiten das Stoßen und Gegenstoßen mit anschließendem Wurf. In den folgenden zwei Kleingruppenübungen werden das Stoßen und Gegenstoßen sowie das Zusammenspiel mit dem Kreisläufer Schritt für Schritt erweitert. In der Abschlussübung werden alle zuvor geübten Elemente zusammengesetzt und mit einer Auftakthandlung und kreativem Weiterspielen kombiniert.

Insgesamt besteht die Trainingseinheit aus folgenden Schwerpunkten
- Einlaufen/Dehnen (Einzelübung: 10 Minuten / Trainingsgesamtzeit: 10 Minuten)
- Einlaufen/Dehnen (10/20)
- Ballgewöhnung (10/30)
- Torhüter einwerfen (10/40)
- Angriff/Individuell (10/50)
- Angriff/Kleingruppe (15/65)
- Angriff/Kleingruppe (15/80)
- Angriff/Team (10/90)

**Gesamtzeit der Trainingseinheit: 90 Minuten**

| Nr.: 4-1 | Einlaufen/Dehnen | 10 | 10 |
|---|---|---|---|

**Ablauf:**

- Alle Spieler bewegen sich selbstständig mit Ball in der Halle und führen verschiedene Laufbewegungen (vorwärts, rückwärts, seitwärts) aus.
- Immer zwei Spieler nehmen Blickkontakt miteinander auf, prellen dann aufeinander zu und passen sich gegenseitig die Bälle, machen eine Täuschbewegung voreinander (beide in die gleiche Richtung!) und gehen danach locker in den Sprungwurf, d. h., entweder links-rechts-Sprungwurf oder rechts-links-Sprungwurf. Danach laufen sie weiter und suchen sich einen neuen Partner für die nächste Aktion.

Gemeinsames Dehnen in der Gruppe.

| Nr.: 4-2 | Einlaufen/Dehnen | 10 | 20 |
|---|---|---|---|

**Aufbau:**

- Den Kreis mit Hütchen in fünf Sektoren unterteilen (siehe Bild), abhängig von der Spieleranzahl.
- Je Sektor drei Spieler mit einem Ball.

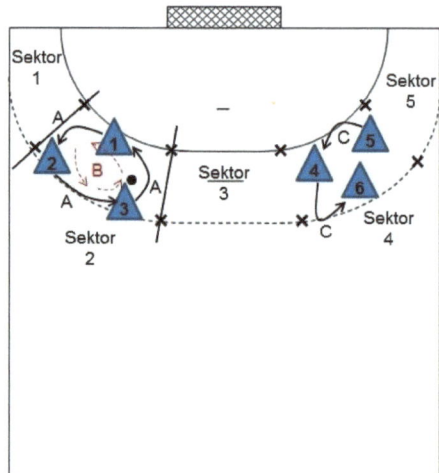

**Ablauf:**

- Die drei Spieler bewegen sich innerhalb des Sektors im Kreis (A) und rollen dabei den Ball mit der Hand auf dem Boden ebenfalls im Kreis herum (B).

**Variationen während der Laufbewegung im Kreis:**

- Den Ball in der Laufrichtung und entgegen der Laufrichtung der Spieler zum nächsten Spieler rollen.
- Die Spieler führen zwischen dem Rollen des Balls folgende Aufgaben aus:
  - Arme vorwärts/rückwärts kreisen.
  - 1 Hampelmannbewegung machen.
  - Die Spieler müssen, nachdem sie den Ball zum nächsten Spieler gerollt haben, die 9-Meter- oder 6-Meter-Linie mit der Hand berühren (C).
  - Den Ball mit dem Fuß passen.

| Nr.: 4-3 | Ballgewöhnung | 10 | 30 |

**Aufbau:**
- Den Kreis mit Hütchen in fünf Sektoren unterteilen (siehe Bild).
- Je Sektor drei Spieler mit einem Ball.

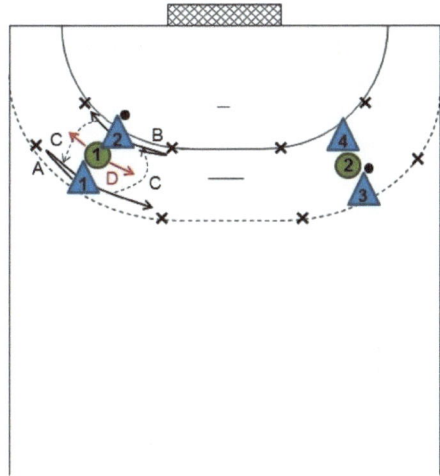

**Ablauf:**
- 1 und 2 bewegen sich innerhalb der beiden Hütchen auf der 9-Meter-Linie (A) und der 6-Meter-Linie (B).
- 1 und 2 spielen sich in der Bewegung an 1 vorbei einen Ball zu (C). Dabei zunächst keine Bodenpässe spielen, sondern den Ball direkt passen.
- 1 soll sich immer zum Ballhalter hin umdrehen, sodass er diesen sieht, und dann in der Seitwärtsbewegung versuchen, den Pass zu unterbinden (D).

**Variation:**
- Bodenpässe zulassen.

⚠ 1 und 2 sollen sich innerhalb des Feldes zwischen der 6- und 9-Meter-Linie bewegen, nicht außerhalb.

⚠ 2 soll bei seinen Aktionen am Kreis darauf achten, dass er nicht in den Kreis tritt.

| Nr.: 4-4 | Torhüter einwerfen | 10 | 40 |

**Aufbau:**

- Sechs Hütchen wie abgebildet aufstellen.
- Ballkiste bereitstellen.

**Ablauf:**

- 🔺1 läuft dynamisch an und bekommt von 🔺7 den Ball in die Laufbewegung gespielt (A).

- Beim Hütchen stemmt 🔺1 ein und geht in die deutliche Wurfauslage Richtung Tor (B).

- 🔺1 umläuft dann prellend das etwas versetzt nach vorne aufgestellte Hütchen (C), geht nach dem letzten Hütchen dynamisch Richtung Tor und schließt nach Vorgabe (hoch, halb, tief) mit Wurf auf die linke Torseite ab (D).

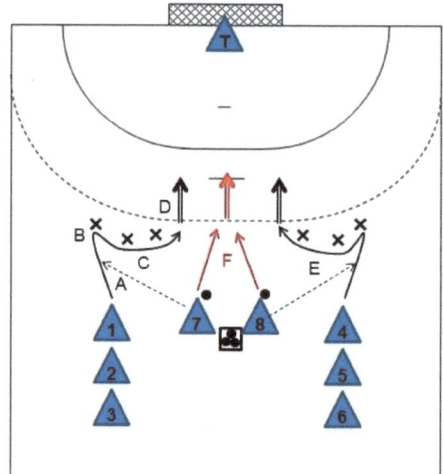

- Unmittelbar nach der Auftaktaktion von 🔺1 (B und C) startet der Ablauf auf der anderen Seite mit 🔺4 und 🔺8 mit Wurf nach Vorgabe (hoch, halb, tief) nach rechts (E), sodass für 🔺T eine Wurfserie entsteht.

- Wenn alle Spieler den Ablauf absolviert haben, starten zum Schluss 🔺7 und 🔺8 und werfen noch nacheinander auf das Tor, wobei 🔺7 nach links und 🔺8 nach rechts wirft (F).

- In der nächsten Runde werden 🔺7 und 🔺8 ausgetauscht.

⚠️ 🔺1 muss den Ball von 🔺7 so gespielt bekommen (A), dass er, ohne vorher prellen zu müssen, in die Wurfauslage gehen kann (B).

| Nr.: 4-5 | Angriff / Individuell | 10 | 50 |
|---|---|---|---|

**Aufbau:**
- Ballkiste mit ausreichend Bällen bereitstellen.

**Ablauf:**

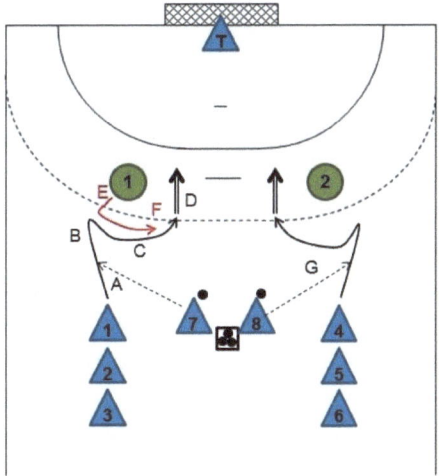

(Bild 1)

- ▲1 läuft dynamisch an und bekommt von ▲7 den Ball in die Laufbewegung gespielt (A).
- Links neben ●1 stemmt ▲1 ein und geht in die deutliche Wurfauslage Richtung Tor (B).
- ▲1 umläuft prellend ●1 (C), geht dynamisch Richtung Tor und schließt mit freiem Wurf ab (D).
- ●1 soll dabei deutlich auf ▲1 heraustreten (E) und die Laufbewegung begleiten, aber zulassen (F).
- Danach wiederholt sich der Ablauf auf der anderen Seite (G), usw.
- Die Angreifer tauschen nach jeder Aktion die Seite.
- ▲7, ▲8, ●1 und ●2 regelmäßig austauschen.

⚠ ▲1 muss so deutlich nach links stoßen und in die Wurfauslage gehen, dass ●1 darauf reagieren muss.

⚠ ▲1 muss beim Umprellen von ●1 (C) den Ball so prellen, dass sein eigener Körper immer zwischen Ball und ●1 ist, also mit der rechten Hand prellen, damit ●1 den Ball nicht herausprellen kann.

⚠ Ist ▲1 ein Linkshänder, wechselt er den Ball nach dem Einstemmen zur Wurftäuschung (B) in die rechte Hand, umprellt ●1 und wechselt danach für den Wurf wieder den Ball auf seine linke Wurfhand. Gleicher Ablauf für die Rechtshänder auf der anderen Seite, ebenfalls mit Handwechsel.

## Erweiterung ( 1 soll jetzt variabel agieren):

- Tritt 1 nicht deutlich genug der seitlichen Anlaufbewegung (B) von ⊿ entgegen (H), bricht ⊿ nach links durch (J) und schließt mit Wurf ab (K).

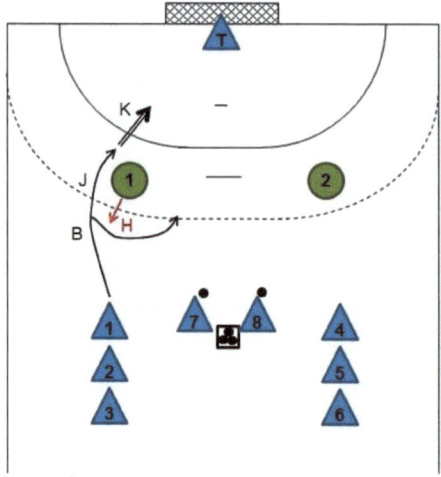

(Bild 2)

| Nr.: 4-6 | Angriff / Kleingruppe | | 15 | 65 |
|---|---|---|---|---|

**Aufbau:**

- 8 Hütchen für die Spielfeldbegrenzungen wie abgebildet aufstellen.

**Ablauf:**

- ▲1 läuft dynamisch Richtung Hütchen und bekommt von ▲5 den Ball in den Lauf gespielt (A).

- Auf Höhe des Hütchens geht ▲1 in die Wurfauslage (Einstemmen mit dem linken Fuß und in die Wurfauslage gehen) (B).

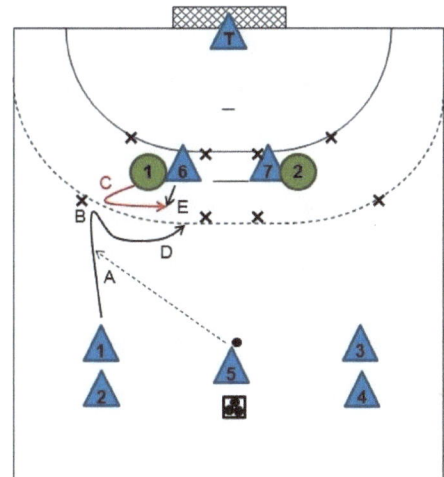

- ●1 soll der Stoßbewegung von ▲1 entgegentreten (C).

- ▲1 umläuft ●1 dynamisch und prellt dabei; ▲1 muss hierbei eine deutliche räumliche Verlagerung erzielen (D)!

- ▲6 tritt heraus und sperrt die Laufbewegung (C) von ●1 (E).

- ▲6 löst sich aus der Sperrstellung bei ●1, setzt sich nach hinten an den Kreis ab (F) und bekommt von ▲1 den Ball Richtung Kreis gespielt (G).

- ▲6 schließt mit Wurf ab (H).

- Danach wiederholt sich der Ablauf auf der anderen Seite (J).

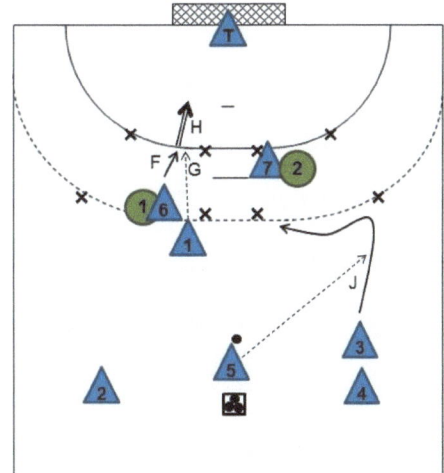

⚠ ▲1 darf vor dem Einstemmen und der Wurfauslage (B) nicht prellen!

⚠ ▲6 darf die Laufbewegung von ●1 nur mit dem Körper sperren (E), die Arme dürfen dabei nicht eingesetzt werden (Stürmerfoul).

⚠ Der Pass zu ▲6 darf nicht direkt auf den Körper gespielt werden, sondern als Bodenpass Richtung 6-Meter-Kreis (G), sodass ▲6 ihn in der Bewegung aufnehmen und sofort werfen kann.

(Bild 1)

(Bild 2)

| Nr.: 4-7 | Angriff / Kleingruppe | 15 | 80 |
|---|---|---|---|

**Aufbau:**

- Sechs Hütchen wie abgebildet für die Spielkorridore aufbauen.

**Ablauf:**

- 6 steht bei 2 in der Sperrstellung.

- 1 läuft dynamisch an und bekommt von 5 den Ball in die Laufbewegung gespielt (A).

- Links neben 1 stemmt 1 ein und geht in die deutliche Wurfauslage Richtung Tor (B).

- 1 soll dabei deutlich auf 1 heraustreten (C). (Bild 1)

- 1 umläuft prellend 1 und geht dynamisch Richtung Tor (D).

- 6 löst sich von 2 und stellt die Sperre in die Laufbewegung von 1 nach innen (E):

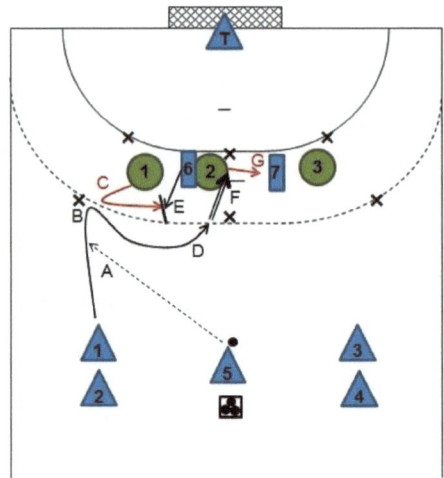

  - Bleibt 2 defensiv, wirft 1 aus dem Sprungwurf heraus auf das Tor (F).

  - Tritt 2 aktiv nach vorne (H), um den Wurf von 1 zu blocken (F), passt 1 als Bodenpass vorbei an 2 den Ball Richtung Kreis (J). 6 löst sich aus der Sperrstellung bei 1 (E), setzt sich nach hinten an den Kreis ab, läuft dem Ball hinterher (K), nimmt ihn auf und wirft auf das Tor (L).

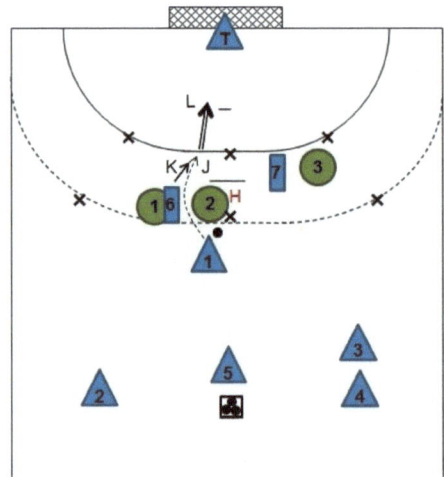

- Danach wiederholt sich der Ablauf auf der anderen Seite, wobei 2 (Bild 2) die Seite wechselt (G) und mit 3 zusammen die Abwehr bildet.

⚠ Tritt 🟢1 der Bewegung von 🔺1 nicht richtig entgegen (C), kann 🔺1 auch links an 🟢1 vorbeigehen, oder aus dem Sprungwurf heraus ab der 9-Meter-Linie werfen.

⚠ 🔺6 darf bei der Sperrstellung (E) auf keinen Fall die Hände zur seitlichen Unterstützung benutzen (Stürmerfoul); am besten die Hände vor dem Körper überkreuzt halten oder Fanghände zeigen.

⚠ Der Pass zu 🔺6 soll nicht zu der Position gespielt werden, bei der 🔺6 in der Sperrstellung steht (E), sondern Richtung Tor in den freien Raum (J).

| Nr.: 4-8 | Angriff / Team | 10 | 90 |
|---|---|---|---|

**Aufbau:**

- Zwei Hütchen wie abgebildet für die Spielfeldbegrenzung aufstellen.

**Ablauf:**

- **1** bekommt von **2** den Ball in die Laufbewegung gespielt (A).

- **6** steht in der Ausgangsposition bei **2**.

- **1** zieht dynamisch auf die andere Halbseite und kreuzt mit **3** (B), der mit Ball Richtung Tor geht.

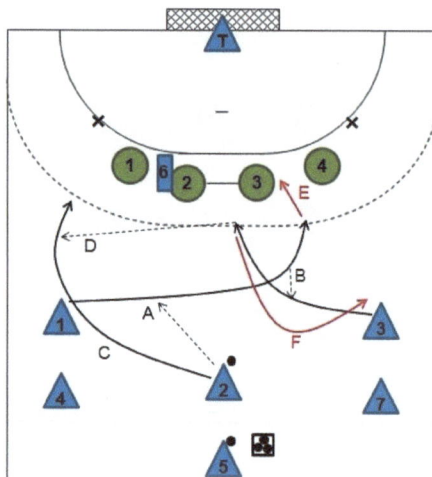

(Bild 1)

- Nach dem Auftaktpass läuft **2** im Bogen auf die Halbposition (C) und bekommt von **3** den Ball in die Laufbewegung gespielt (D).

- **1** geht an den Kreis über und stellt sich nach außen zu **3** (E).

- **3** zieht sich nach der Kreuzbewegung sofort wieder auf seine Halbposition zurück (F).

- **2** stemmt links neben dem heraustretenden **1** ein und umläuft danach dynamisch prellend **1** (G).

- **6** soll durch eine Sperrstellung bei **1** dessen Abwehrbewegung blockieren (H):

  o Bleibt **2** defensiv, wirft **2** aus dem Sprungwurf heraus (J).

  o Tritt **2** heraus, spielt **2** einen Bodenpass Richtung Tor für den sich aus der Sperre lösenden **6** (K).

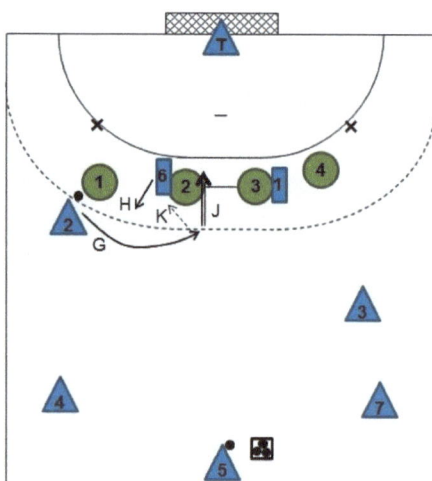

(Bild 2)

- Werden beide Möglichkeiten (J und K) durch die Abwehr nicht zugelassen, spielt 2 den Ball 3 in die dynamische Laufbewegung (L).

- 2 zieht sich nach dem Pass (L) sofort wieder auf seine Halbposition zurück (O).

- 3 stemmt rechts neben dem heraustretenden 4 ein und umläuft danach dynamisch prellend 4 (M).

- 1 löst sich von 3 und geht bei 4 in die Sperrstellung (N).

- 3 kann jetzt selbst werfen, mit 1 am Kreis zusammenspielen oder wieder 2 (P) anspielen.

- Der Ablauf widerholt sich nun so lange, bis die Abwehr in ihren Abwehrbewegungen nicht mehr nachkommt und der Angriff erfolgreich abschließen kann.

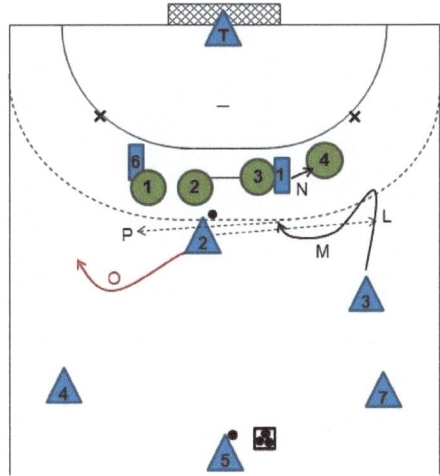

⚠ Jeder Angreifer muss in seiner Angriffsaktion so gefährlich sein, dass die Abwehr auf ihn reagieren muss.

⚠ Reagiert die Abwehr nicht aktiv auf einen Angreifer, kann der Angreifer jederzeit den Abschluss suchen.

⚠ 2 und 3 müssen nach ihren Pässen sofort wieder auf ihre Ausgangsposition zurück (F und O), um eine Folgeaktion starten zu können.

Notizen:

_____

_____

_____

_____

| TE 5 | Mit dem körperlich stärkeren Kreisläufer gegen den Außenabwehrspieler agieren | ★★★★ | 90 |
|---|---|---|---|

| Startblock | | Hauptblock | | | |
|---|---|---|---|---|---|
| X | Einlaufen/Dehnen | X | Angriff / Individuell | | Sprungkraft |
| | Laufübung | X | Angriff / Kleingruppe | | Sprintwettkampf |
| | Kleines Spiel | X | Angriff / Team | | Torhüter |
| | Koordination | | Angriff / Wurfserie | | |
| X | Laufkoordination | | Abwehr / Individuell | **Schlussblock** | |
| | Kräftigung | | Abwehr / Kleingruppe | X | Abschlussspiel |
| X | Ballgewöhnung | | Abwehr / Team | | Abschlusssprint |
| X | Torhüter einwerfen | | Athletiktraining | | |
| | | | Ausdauertraining | | |

**Legende:**

✖  Hütchen

△1  Angreifer

●1  Abwehrspieler

▭  Weichbodenmatte

▦  Ballkiste

▭▭▭▭  Koordinationsleiter

**Benötigt:**
→ 1 Koordinationsleiter,
6 Hütchen je drei Spieler,
Ballkiste mit ausreichend
Bällen, Pfeife

**Beschreibung:**
Der Schwerpunkt dieser Trainingseinheit liegt in einer einfachen Auslöseaktion, um durch den körperlich stärkeren Kreisläufer gegen einen schwächeren Außenabwehrspieler einen Stellungsvorteil zu bekommen. Nach einer koordinativen Aufwärmphase folgen mit der Ballgewöhnung und dem Torhüter-Einwerfen die ersten Schritte für das spätere Zusammenspiel. Die drei folgenden Angriffsübungen setzen sich aus der Vorbereitung und dem finalen 1gegen1 zusammen, um den Kreisläufer in Wurfposition zu bekommen. Ein Abschlussspiel rundet diese Trainingseinheit ab.

Insgesamt besteht die Trainingseinheit aus folgenden Schwerpunkten
- Einlaufen/Dehnen (Einzelübung: 10 Minuten / Trainingsgesamtzeit: 10 Minuten)
- Laufkoordination (10/20)
- Ballgewöhnung (10/30)
- Torhüter einwerfen (10/40)
- Angriff/Individuell (10/50)
- Angriff/Kleingruppe (15/65)
- Angriff/Team (15/80)
- Abschlussspiel (10/90)

**Gesamtzeit der Trainingseinheit: 90 Minuten**

| Nr.: 5-1 | Einlaufen/Dehnen | 10 | 10 |
|---|---|---|---|

**Aufbau:**
- Vier Hütchen wie abgebildet aufstellen.

**Ablauf:**
- Alle Spieler laufen zunächst locker im Kreis um die Hütchen herum und führen dabei jeweils ein paar Runden Folgendes aus:
  - Lockerer Trab
  - Hopserlauf
  - Seitwärts laufen
- Nach ein paar Runden beginnen die Spieler an der Mittellinie und am 6-Meter-Kreis, (A) im Wechsel folgende Sprünge auszuführen:
  - Drei Sprünge mit dem rechten Bein (B), drei Sprünge mit dem linken Bein (C) usw. Dabei immer die Linie überspringen.
  - Sprung mit dem rechten, dann mit dem linken Bein, dann Sprung und beidbeiniges Landen (D). Dabei immer die Linie überspringen. Das wiederholt sich jetzt, es muss aber immer zuerst mit dem rechten Bein gestartet werden (E) usw.

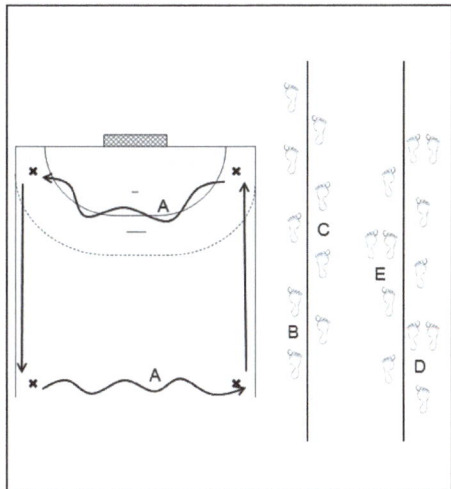

Gemeinsam in der Gruppe dehnen.

| Nr.: 5-2 | Laufkoordination | 10 | 20 |
|---|---|---|---|

**Aufbau:**
- Koordinationsleiter auslegen.

**Ablauf 1:**
- Die Spieler durchspringen die Koordinationsleiter wie folgt:
  - o Beidbeiniges Landen im Zwischenraum
  - o Nach außen springen und die Füße links und rechts neben die Leiter stellen (A)
- Am Ende angekommen, laufen die Spieler im leichten Trab wieder zurück und stellen sich für die nächste Runde wieder an.

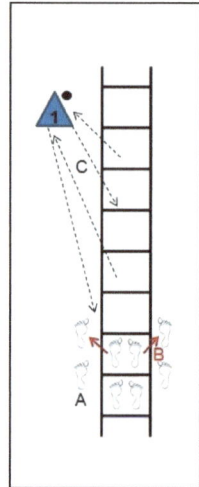

**Ablauf 2:**
- Der Sprungablauf aus Ablauf 1 bleibt erhalten.
- Beim Springen wird jetzt allerdings ein Rhythmuswechsel vorgenommen:
  - o Das Reinspringen (beidbeinig landen) erfolgt in normalem (langsamen) Tempo
  - o Beim Rausspringen erfolgt eine deutliche Temposteigerung (B), so dass eine Sprungbahn mit Tempowechsel bei den Sprüngen entsteht.

**Ablauf 3:**
- Der Ablauf aus Ablauf 2 bleibt erhalten, wird jetzt aber umgedreht:
  - o Beim Reinspringen erfolgt eine deutliche Temposteigerung.
  - o Das Rausspringen erfolgt in normalem (langsamem) Tempo

**Ablauf 4:**
- Ablauf 1 bis 3 wiederholen. Der Spieler, der durch die Koordinationsleiter läuft, passt dabei mit **1** 2 Mal den Ball (C und Bilderreihe unten).
- Der Spieler in der Koordinationsleiter soll seinen Sprungablauf dabei weiterführen.

**Gesamtablauf:**
- Jeder Spieler absolviert jeden Ablauf 4 Mal.

⚠ Bei allen Sprüngen sind Kopf und Blickrichtung nach vorne gerichtet. Es soll nicht auf die Füße geschaut werden.

| Nr.: 5-3 | Ballgewöhnung | 10 | 30 |
|---|---|---|---|

**Aufbau:**

- 3er-Gruppen mit Ball bilden und jeweils sechs Hütchen wie abgebildet aufstellen.

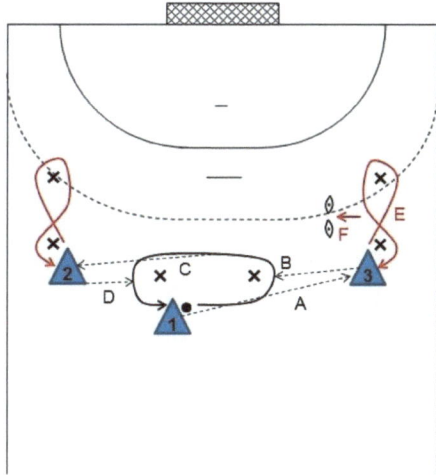

**Grundaufbau:**

- **1** läuft immer im Kreis um die Hütchen herum und passt dabei den Ball.

**Ablauf:**

- **1** passt **3** den Ball (A) und bekommt ihn auf Höhe des Hütchens zurückgespielt (B).

- **1** umläuft das Hütchen, passt

  **2** den Ball (C) und bekommt ihn auf Höhe des Hütchens wieder zurückgespielt (D).

- Danach umläuft **1** das Hütchen und spielt den Ball zu **3** (A).

- Usw.

- Nach dem Pass (B und D) starten **3** und **2** sofort in die dynamische Seitwärtsbewegung und umlaufen die Hütchen in der Acht (E). Die Blickrichtung ist dabei immer nach innen (F).

Nach ein paar Runden die Spieler tauschen.

| Nr.: 5-4 | Torhüter einwerfen | 10 | 40 |
|---|---|---|---|

**Aufbau:**

- Zwei Hütchen für die Täuschbewegung wie abgebildet aufstellen.

**Ablauf:**

- ◤1 startet den Ablauf und prellt Richtung Hütchen (A).

- Vor dem Hütchen nimmt ◤1 den Ball auf, macht eine deutliche Körpertäuschung nach links, läuft rechts neben dem Hütchen vorbei Richtung Tor (B) und wirft nach Vorgabe (hoch, halb, tief) nach links auf das Tor (C).

- ◤T startet in der Mitte stehend, versucht, den nach links geworfenen Ball zu halten (D) und geht sofort zurück in die Tormitte (E).

- Sobald ◤1 Richtung Tor läuft, startet ◤2 den gleichen Ablauf und wirft nach rechts auf das Tor (F).

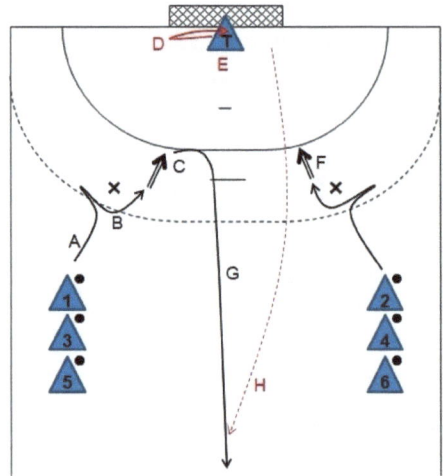

⚠ ◤T soll aus der Mitte heraus den Bewegungsablauf starten und nicht bereits in der Ecke stehen, in die der Wurf erfolgen wird.

- Nach ihrem Wurf sprinten die Spieler sofort zur Mittellinie (G).

- Der letzte Werfer erhält von ◤T einen Pass an die Mittellinie (H) (für ein schnelles Anspiel).

⚠ Der Start der Spieler soll so erfolgen, dass für ◤T eine Serie entsteht.

| Nr.: 5-5 | Angriff / Individuell | 10 | 50 |
|---|---|---|---|

**Aufbau:**

- Zwei Hütchen als Wurfmarkierung wie abgebildet aufstellen.

**Ablauf:**

- ① und ② stehen in der Mitte zwischen der 6- und 9-Meter-Linie.

- ① startet den Ablauf, indem er den Ball einmal aufprellt (A). Das ist das Startzeichen für ① und ②.

- ① versucht, innerhalb des Raums zwischen der 6- und 9-Meter-Linie

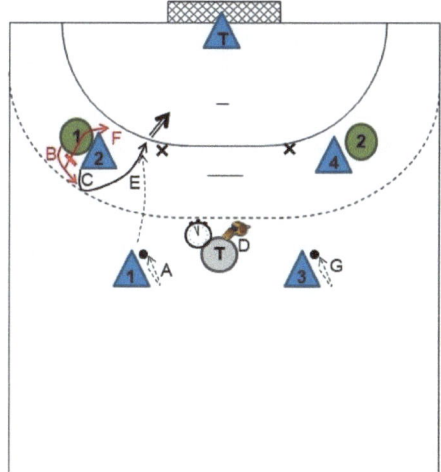

  an ② vorbeizulaufen (B), um das Anspiel von ① zu ② zu verhindern. Er darf dabei aber die einmal eingeschlagene Richtung (vor oder hinter ② vorbei) nicht mehr ändern (F).

- ② sperrt das Vorbeilaufen von ① für ca. zwei Sekunden (C), dann pfeift Ⓣ (D). ② löst sich sofort aus der Sperrstellung, bekommt von ① den Ball Richtung 6-Meter-Linie gepasst und wirft auf das Tor (E).

- Danach wiederholt sich der Ablauf mit dem Aufprellen als Start auf der anderen Seite (G).

⚠ Die Abwehrspieler sollen zu Beginn der Übung mit 50–60%iger Intensität arbeiten. Mit zunehmender Übungsdauer sollen sie dann den Widerstand erhöhen und versuchen, das Zuspiel zu verhindern.

⚠ ② darf für das Wegsperren von ① nur seinen Körper benutzen. Die Hände dürfen dabei nicht eingesetzt werden, diese am besten vor dem Körper halten.

| Nr.: 5-6 | Angriff / Kleingruppe | 15 | 65 |
|---|---|---|---|

**Aufbau:**

- Zwei Hütchen wie abgebildet aufstellen.
- Ballkiste mit ausreichend Bällen bereitstellen.

**Ablauf:**

- 3 steht zu Beginn zwischen 1 und 2 .

- 2 startet den Ablauf und bekommt von 1 den Ball in die Laufbewegung gepasst (A).

- 2 tritt der Bewegung aktiv entgegen (B).

- 2 geht Richtung Mitte gegen 2 ins 1gegen1 (C).

- Sobald 2 die Aktion von 2 Richtung Mitte begleitet (D), stellt sich 3 bei 1 in die Sperrstellung (E), sodass 1 nicht um 3 herumlaufen kann, um den späteren Pass (F) zu blockieren.

⚠ 3 darf beim Sperren seine Hände nicht einsetzen. Die Sperre nur durch Einsatz des Körpers stellen.

- 2 passt den Ball als Bodenpass Richtung Tor (F), 3 löst sich von 1 Richtung Tor, nimmt den Ball auf und wirft auf das Tor (G).
- Danach wiederholt sich der Ablauf auf der rechten Seite (nicht im Bild).

⚠ Der Pass (F) muss Richtung Tor erfolgen, also nicht auf die Position, auf der sich 3 gerade befindet. 3 soll in den Pass laufen und den Ball aufnehmen. Bei einer guten Ausführung kann der Ball von 2 dazu „weit" nach vorne in den Kreis gepasst werden.

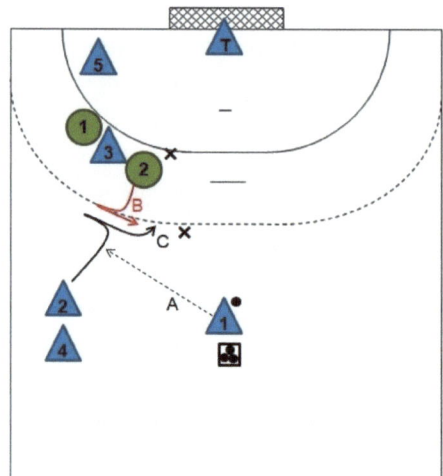

| Nr.: 5-7 | Angriff / Team | | 15 | 80 |
|---|---|---|---|---|

**Aufbau:**

- Ein Hütchen für die Spielfeldmarkierung aufstellen.

**Ablauf:**

- ▲4 startet den Ablauf und passt den Ball zu ▲2 in dessen Laufbewegung (A).

- ▲1 macht auf außen eine Lauftäuschung Richtung Tor (B), kommt im Bogen angelaufen und bekommt von ▲2 den Ball in den Lauf gepasst (C).

- ▲2 zieht sich nach seinem Pass sofort wieder zurück Richtung Seitenlinie (D).

- ▲1 läuft mit Ball dynamisch vor der Abwehr entlang (E), passt den Ball zu ▲4 (H) und geht nach der 7-Meter-Linie in die Abwehrreihe Richtung 6-Meter-Llinie und bleibt dort stehen (J).

- Tritt während des Vorbeilaufens (E) ●2 deutlich nach vorne (F), ist ein Anspiel zu ▲3 möglich (G) (= **Option 1**).

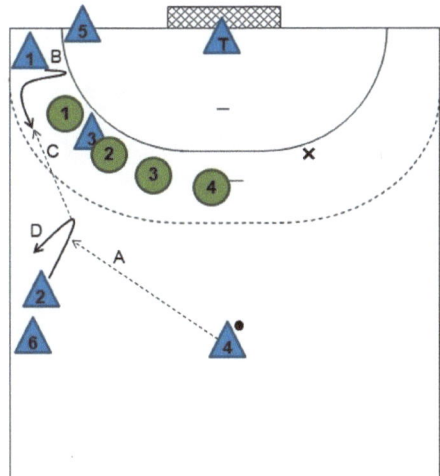

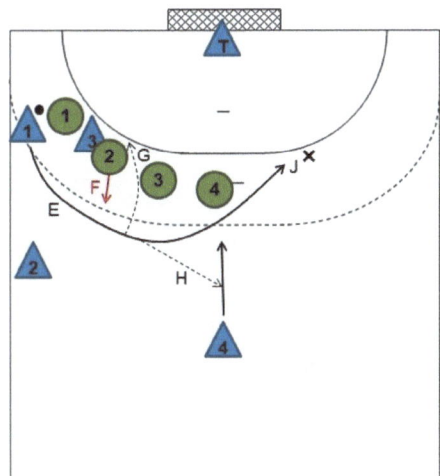

⚠ Im Spiel später läuft ▲1 dann weiter zu ●5 (jetzt nicht im Bild). Die Abwehrreihe auf der linken Seite soll durch das Übergeben/Mitgehen (damit auf der rechten Seite keine Unterzahlsituation entsteht) weit auseinandergezogen werden.

- 4 stößt mit Ball Richtung Tor und passt den Ball (K) zu 2 in dessen dynamische Laufbewegung Richtung 2.

- 3 geht jetzt deutlich in die Sperrstellung bei 1 (L) und darf von diesem nicht umlaufen werden.

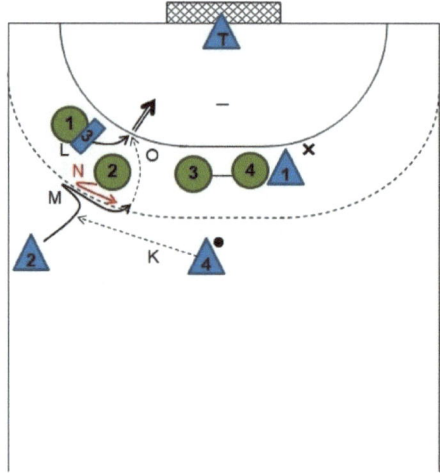

⚠ 3 arbeitet bei der Sperre nur mit seinem Körper; die Hände (Arme) dabei nicht einsetzen.

- 2 geht gegen 2 in die 1gegen1-Aktion, mit dem Ziel, nach innen durchzubrechen (M und N).

⚠ Tritt 2 der Angriffsaktion nicht entgegen, soll 2 mit Sprung- oder Schlagwurf abschließen (= **Option 2**). 2 kann auch in der 1gegen1-Aktion durchbrechen (= **Option 3**).

- Ist ein Durchbruch nicht möglich, spielt 2 den Ball als Bodenpass Richtung Tor. 3 löst sich aus der Sperrstellung bei 1, läuft in den Pass und schließt mit Wurf ab (O) (= **Option 4**).
- Nach ein paar Durchläufen den Ablauf auf der anderen Seite wiederholen.

| Nr.: 5-8 | Abschlussspiel | 10 | 90 |
|---|---|---|---|

**Aufbau:**
- Zwei Mannschaften bilden, die im 6gegen6 gegeneinander spielen.

**Ablauf:**
- Beide Mannschaften sollen ihre Angriffsaktion mit dem einlaufenden Außenspieler und der 1gegen1-Aktion von 2 bei 2 starten.
- 3 soll dabei in die Sperre beim Außenspieler (Mismatch) gehen (siehe Vorübungen).
- Danach darf die angreifende Mannschaft „kreativ" weiterspielen.
- Erzielen sie aus der Sperr(Mismatch)-Aktion direkt ein Tor, zählt dieses doppelt.
- Welche Mannschaft erzielt mehr Punkte?

## 5. Über den Autor

**JÖRG MADINGER**, geboren 1970 in Heidelberg

**Juli 2014 (Weiterbildung): 3-tägiger DHB Trainerworkshop**
„Grundbausteine Torwartschule"
Referenten: Michael Neuhaus, Renate Schubert, Marco Stange,
Norbert Potthoff, Olaf Gritz, Andreas Thiel, Henning Fritz

**Mai 2014 (Weiterbildung): 3-tägige DHTV/DHB
Trainerfortbildung** im Rahmen des VELUX EHF FinalFour
Referenten: Jochen Beppler (DHB Trainer), Christian vom Dorff
(DHB Schiri), Mark Dragunski (Trainer TuSeM Essen), Klaus-
Dieter Petersen (DHB Trainer), Manolo Cadenas (Nationaltrainer
Spanien)

**Mai 2013 (Weiterbildung): 3-tägige DHTV/DHB Trainerfortbildung** im Rahmen des
VELUX EHF FinalFour
Referenten: Prof. Dr. Carmen Borggrefe (Uni Stuttgart), Klaus-Dieter Petersen (DHB
Trainer), Dr. Georg Froese (Sportpsychologe), Jochen Beppler (DHB Stützpunkttrainer),
Carsten Alisch (Nachwuchstrainer Hockey)

**seit Juli 2012: Inhaber der DHB A-Lizenz**

**seit Februar 2011:** Vereinsschulungen, Coaching im Trainings- und Wettkampfbetrieb

**November 2011: Gründung Handball-Fachverlag** (handall-uebungen.de, Handball
Praxis und Handball Praxis Spezial)

**Mai 2009: Gründung der Handball-Plattform handball-uebungen.de**

2008–2010: Jugendkoordinator und Jugendtrainer bei der SG Leutershausen

**seit 2006: Inhaber der Trainer-B-Lizenz**

**Anmerkung des Autors**
1995 überredete mich ein Freund, mit ihm zusammen das Handballtraining einer
männlichen D-Jugend zu übernehmen.

Dies war der Beginn meiner Trainertätigkeit. Daraufhin fand ich Gefallen an den Aufgaben
eines Trainers und stellte stets hohe Anforderungen an die Art meiner Übungen. Bald
reichte mir das Standardrepertoire nicht mehr aus und ich begann, Übungen zu
modifizieren und mir eigene Übungen zu überlegen.

Heute trainiere ich mehrere Jugend- und Aktivenmannschaften in einem breit gefächerten
Leistungsspektrum und richte meine Trainingseinheiten gezielt auf die jeweilige
Mannschaft aus.

Seit einigen Jahren vertreibe ich die Übungen über meinen Onlineshop handball-
uebungen.de. Da die Tendenz im Handballtraining, vor allem im Jugendbereich, immer
mehr in Richtung einer allgemeinen sportlichen Ausbildung mit koordinativen
Schwerpunkten geht, eignen sich viele Spiele und Spielformen auch für andere Sportarten.

Lassen Sie sich inspirieren von den verschiedenen Spielideen und bringen Sie auch Ihre
eigene Kreativität und Erfahrung ein!

Ihr

Jörg Madinger

## 6. Weitere Fachbücher des Verlags DV Concept

### Von A wie Aufwärmen bis Z wie Zielspiel – 75 Übungsformen für jedes Handballtraining

Ein abwechslungsreiches Training erhöht die Motivation und bietet immer wieder neue Anreize, bekannte Bewegungsabläufe zu verbessern und zu präzisieren. In diesem Buch finden Sie Übungen zu allen Bereichen des Handballtrainings – vom Aufwärmen über Torhüter-Einwerfen bis hin zu gängigen Inhalten des Hauptteils und Spielen zum Abschluss, die Sie in Ihrem täglichen Training mit Ihrer Handballmannschaft inspirieren sollen. Alle Übungen sind bebildert und in der Ausführung leicht verständlich beschrieben. Spezielle Hinweise erläutern, worauf Sie achten müssen.

Insgesamt gliedert sich das Buch in die folgenden Themenschwerpunkte:

**Erwärmung:**
- Grunderwärmung
- Kleine Spiele zur Erwärmung
- Sprintwettkämpfe
- Koordination
- Ballgewöhnung
- Torhüter einwerfen

**Grundübungen, Grund- und Zielspiele:**
- Angriff/Wurfserien
- Angriff allgemein
- Schnelle Mitte
- 1. und 2. Welle
- Abwehraktionen
- Abschlussspiele
- Ausdauer

Am Ende finden Sie dann noch eine komplette methodisch ausgearbeitete Trainingseinheit. Ziel der Trainingseinheit ist das Verbessern des Wurfs und der Wurfentscheidung unter Druck.

### Mini- und Kinderhandball (5 Trainingseinheiten)

Mini- bzw. Kinderhandball unterscheidet sich grundlegend vom Training höherer Altersklassen und erst recht vom Handball in Leistungsbereichen. Bei diesem ersten Kontakt mit der Sportart „Handball" sollen die Kinder an den Umgang mit dem Ball herangeführt werden. Es soll der Spaß an der Bewegung, am Sporttreiben, am Spiel miteinander und auch am Wettkampf gegeneinander vermittelt werden.

Das vorliegende Buch führt zunächst kurz in das Thema und die Besonderheiten des Mini- und Kinderhandballs ein und zeigt dabei an einigen Beispielübungen Möglichkeiten auf, das Training interessant und abwechslungsreich zu gestalten.

Im Anschluss folgen fünf komplette Trainingseinheiten in verschiedenen Schwierigkeitsgraden mit Hauptaugenmerk auf den Grundtechniken im Handball (Prellen, Passen, Fangen, Werfen und Abwehren im Spiel gegeneinander). Hier wird spielerisch in die späteren handballspezifischen Grundlagen eingeführt, wobei auch die generelle Bewegungserfahrung und die Ausprägung von koordinativen Fähigkeiten besondere Beachtung findet.

Die Übungen sind leicht verständlich durch Text und Übungsbild erklärt und können in jedes Training direkt integriert werden. Durch verschiedene Variationen können die Trainingseinheiten im Schwierigkeitsgrad an die jeweilige Trainingsgruppe angepasst werden. Sie sollen auch Ideen bieten, die Übungen zu modifizieren und weiterzuentwickeln, um das Training immer wieder neu und abwechslungsreich zu gestalten.

### Passen und Fangen in der Bewegung – 60 Übungsformen für jedes Handballtraining

Passen und Fangen sind zwei Grundtechniken im Handball, die im Training permanent trainiert und verbessert werden müssen. Die vorliegenden 60 praktischen Übungen bieten viele Varianten, um das Passen und Fangen anspruchsvoll und abwechslungsreich zu trainieren. Ein besonderer Fokus liegt dabei darauf, die Sicherheit beim Passen und Fangen auch in der Bewegung mit hoher Dynamik zu verbessern. Deshalb werden die Übungen mit immer neuen Laufwegen und spielnahen Bewegungen gekoppelt.

Die Übungen sind leicht verständlich durch Text und Übungsbild erklärt und können in jedes Training direkt integriert werden. Durch verschiedene Schwierigkeitsgrade und Komplexitätsstufen kann für jede Altersstufe das Passen und Fangen passend gestaltet werden.

### Effektives Einwerfen der Torhüter – 60 Übungsformen für jedes Handballtraining

Das Einwerfen der Torhüter ist in nahezu jedem Training notwendiger Bestandteil. Die vorliegenden 60 Übungen zum Einwerfen bieten hier verschiedene Ideen, um das Einwerfen sowohl für die Torhüter als auch für die Feldspieler anspruchsvoll und abwechslungsreich zu gestalten. Ein besonderer Fokus liegt dabei darauf, schon beim Einwerfen die Dynamik der Spieler zu verbessern.

Die Übungen sind leicht verständlich durch Text und Übungsbild erklärt und können in jedes Training direkt integriert werden. Ob gekoppelt mit koordinativen Zusatzübungen oder vorbereitend für Inhalte des Hauptteils, kann für jedes Training und durch verschiedene Schwierigkeitsstufen für jede Altersstufe das Einwerfen passend gestaltet werden.

## Weitere Handball-Fachbücher und E-Books finden Sie unter
www.handball-uebungen.de

## Wettkampfspiele für das tägliche Handballtraining – 60 Übungsformen für jede Altersstufe

Handball lebt von schnellen und richtig getroffenen Entscheidungen in jeder Spielsituation. Dies kann im Training spielerisch und abwechslungsreich durch handballnahe Spiele trainiert werden. Die vorliegenden 60 Übungsformen sind in sieben Kategorien unterteilt und schulen die Spielfähigkeit.

Das Buch beinhaltet die folgenden Kategorien:
- Parteiball-Varianten
- Mannschaftsspiele auf verschiedene Ziele
- Fangspiele
- Sprint- und Staffelspiele
- Wurf- und Balltransportspiele
- Sportartübergreifende Spiele
- Komplexe Spielformen für das Abschlussspiel

Die Spiele sind leicht verständlich durch Text und Übungsbild erklärt und können in jedes Training direkt integriert werden. Durch verschiedene Schwierigkeitsstufen, zusätzliche Hinweise und Variationsmöglichkeiten können sie für jede Altersstufe angepasst gestaltet werden.

## Taschenbücher aus der Reihe Handball Praxis (jeweils fünf Trainingseinheiten)

**Handball Praxis 1 – Handballspezifische Ausdauer**

**Handball Praxis 2 – Grundbewegungen in der Abwehr**

**Handball Praxis 3 – Erarbeiten von Auslösehandlungen und Weiterspielmöglichkeiten**

**Handball Praxis 4 – Intensives Abwehrtraining im Handball**

**Handball Praxis 5 – Abwehrsysteme erfolgreich überwinden**

**Handball Praxis 6 – Grundlagentraining für E- und D-Jugendliche**

**Handball Praxis 7 – Handballspezifisches Ausdauertraining im Stadion und in der Halle**

**Handball Praxis 8 – Spielfähigkeit durch Training der Handlungsschnelligkeit**

**Handball Praxis 9 – Grundlagentraining der Altersklasse 9 bis 12 Jahre**

**Handball Praxis 10 – Moderner Tempohandball: Schnelles Umschalten in die 1. und 2. Welle**

**Handball Praxis 11 – Ganzheitliches und abwechslungsreiches Athletiktraining**

**Handball Praxis 12 – D-Jugend-Training: Von der Mann- zur Raumdeckung – Kooperationen im Angriff und Abwehroptionen dagegen**

**Handball Praxis 13 – Koordinatives Angriffstraining für kleine Trainingsgruppen von vier bis sechs Spielern**

**Handball Praxis Spezial 1 – Schritt für Schritt zur 3-2-1-Abwehr** (6 Trainingseinheiten)

**Handball Praxis Spezial 2 – Schritt für Schritt zum erfolgreichen Angriffskonzept gegen eine 6-0-Abwehr** (6 Trainingseinheiten)